CAHIER DU JOUR
CAHIER DU SOIR

W0316331

Français CM1

Ce cahier appartient à :

Cahier conçu par un enseignant

Avant-propos

Ce cahier de français destiné aux élèves du CM1 reprend toutes les notions du programme dans les domaines de la **grammaire** (la phrase, les classes des mots, les fonctions), de la **conjugaison** et de l'**orthographe** (grammaticale et d'usage).

- **Chaque page se présente de la manière suivante :**

→ **la rubrique *Je découvre et je retiens* comporte :**
– des phrases-exemples qui servent de matériau à la réflexion (*Je découvre*) ;
– des règles qui permettent de mémoriser ce qu'il faut savoir ou savoir faire (*Je retiens*) ;

→ **la rubrique *Je m'entraîne* :**
À chacune des notions développées précédemment correspond un exercice d'application.

À la notion 1 correspond l'exercice 1, à la notion 2 l'exercice 2, etc. Lorsque le dernier exercice porte sur toutes les notions (exercice de synthèse), son numéro est supérieur à celui de la dernière notion abordée.

- Une fois les exercices terminés, vous vous reporterez aux **Corrigés** afin de vérifier avec votre enfant si les exercices sont exacts ou, dans le cas contraire, de déterminer la cause de l'erreur.

À la fin de chaque page, l'enfant est invité à **s'autoévaluer**.

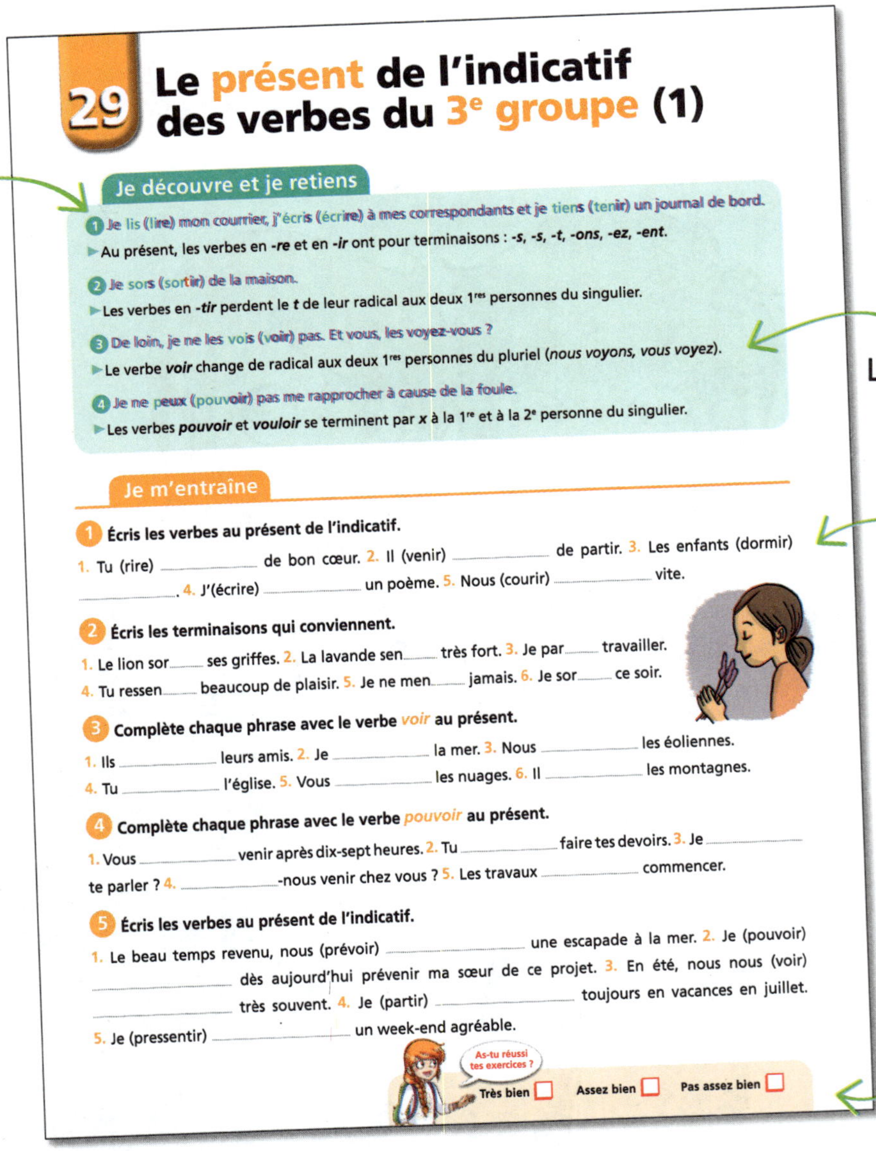

29 Le présent de l'indicatif des verbes du 3e groupe (1)

Je découvre et je retiens

1 Je lis (lire) mon courrier, j'écris (écrire) à mes correspondants et je tiens (tenir) un journal de bord.
▸ Au présent, les verbes en *-re* et en *-ir* ont pour terminaisons : *-s, -s, -t, -ons, -ez, -ent*.

2 Je sors (sortir) de la maison.
▸ Les verbes en *-tir* perdent le *t* de leur radical aux deux 1res personnes du singulier.

3 De loin, je ne les vois (voir) pas. Et vous, les voyez-vous ?
▸ Le verbe *voir* change de radical aux deux 1res personnes du pluriel (*nous voyons, vous voyez*).

4 Je ne peux (pouvoir) pas me rapprocher à cause de la foule.
▸ Les verbes *pouvoir* et *vouloir* se terminent par *x* à la 1re et à la 2e personne du singulier.

Je m'entraîne

1 **Écris les verbes au présent de l'indicatif.**
1. Tu (rire) ______ de bon cœur. 2. Il (venir) ______ de partir. 3. Les enfants (dormir) ______. 4. J'(écrire) ______ un poème. 5. Nous (courir) ______ vite.

2 **Écris les terminaisons qui conviennent.**
1. Le lion sor___ ses griffes. 2. La lavande sen___ très fort. 3. Je par___ travailler. 4. Tu ressen___ beaucoup de plaisir. 5. Je ne men___ jamais. 6. Je sor___ ce soir.

3 **Complète chaque phrase avec le verbe *voir* au présent.**
1. Ils ______ leurs amis. 2. Je ______ la mer. 3. Nous ______ les éoliennes. 4. Tu ______ l'église. 5. Vous ______ les nuages. 6. Il ______ les montagnes.

4 **Complète chaque phrase avec le verbe *pouvoir* au présent.**
1. Vous ______ venir après dix-sept heures. 2. Tu ______ faire tes devoirs. 3. Je ______ te parler ? 4. ______-nous venir chez vous ? 5. Les travaux ______ commencer.

5 **Écris les verbes au présent de l'indicatif.**
1. Le beau temps revenu, nous (prévoir) ______ une escapade à la mer. 2. Je (pouvoir) ______ dès aujourd'hui prévenir ma sœur de ce projet. 3. En été, nous nous (voir) ______ très souvent. 4. Je (partir) ______ toujours en vacances en juillet. 5. Je (pressentir) ______ un week-end agréable.

As-tu réussi tes exercices ? Très bien ☐ Assez bien ☐ Pas assez bien ☐

Un exemple

Les notions à retenir

Des exercices d'application pour s'entraîner

Une auto-évaluation

Sommaire

Corrigés détachables au centre du cahier

1 Construire des phrases

Je découvre et je retiens

1 Jules a attrapé un beau papillon.

► La **phrase déclarative** donne une **information**. Elle se termine par un **point**.

2 Jules a-t-il attrapé un beau papillon ?

► La **phrase interrogative** pose une **question**. Elle se termine par un **point d'interrogation**.

3 Jules, attrape ce papillon !

► La **phrase injonctive** exprime un **ordre**, un **conseil**. Elle peut se terminer par un **point d'exclamation**.

Je m'entraîne

1 Transforme les phrases ci-dessous en phrases déclaratives.

Exemple : Aimes-tu collectionner les papillons ? → Tu aimes collectionner les papillons.

1. Ce chien sait-il nager ? → ______
2. Ne t'approche pas de cette cage ! → ______
3. Dans ce zoo, y a-t-il des girafes ? → ______

2 Transforme ces phrases déclaratives en phrases interrogatives.

Exemple : Les pies nichent à la cime des arbres. → Les pies nichent-elles à la cime des arbres ?

1. Un énorme rapace plane au-dessus des nuages.

→ ______

2. Vous avez pris de splendides photos.

→ ______

3. Les aigles sont des animaux protégés.

→ ______

3 Transforme ces phrases en phrases injonctives.

Exemple : Vous m'écoutez attentivement. → Écoutez-moi attentivement.

1. Vous vous approchez lentement du nid. → ______
2. Vous ne faites surtout pas de bruit. → ______
3. Vous ouvrez grand vos yeux et vous regardez. → ______

Très bien ☐ Assez bien ☐ Pas assez bien ☐

2 La phrase négative

Je découvre et je retiens

1 Enzo veut jouer au football. Enzo **ne** veut **pas** jouer au football.

► Pour transformer une phrase affirmative en **phrase négative**, on encadre le **verbe** par une **négation**.

2 Enzo **n'**écoute **pas** l'entraîneur. Il **n'**écoute **jamais**, il **ne** veut **rien** entendre.
Enzo **n'**écoute **personne**.

► Dans une phrase négative, le verbe est encadré par une négation : ***ne*** … ***pas*** (ou ***n'*** … ***pas***) – ***ne*** … ***plus*** – ***ne*** … ***jamais*** – ***ne*** … ***rien*** – ***ne*** … ***personne***.

Je m'entraîne

1a Souligne les négations.

Je n'aime pas beaucoup le tennis, ce n'est pas mon sport préféré.
Je ne regarde jamais de rencontre sportive à la télévision.
Quand ma sœur me parle de ce sport, je ne veux rien entendre.
Dans notre famille, il n'y a personne qui pratique ce sport.

1b Transforme les phrases affirmatives en phrases négatives.

1. L'arbitre a sifflé une faute. → ____________________
2. Nous avons applaudi les deux équipes. → ____________________
3. C'est la meilleure équipe qui a gagné. → ____________________

2a Mets les phrases à la forme négative. N'utilise la même négation qu'une seule fois.

1. La nature est belle cette année. → ____________________
2. Il pleut encore aujourd'hui. → ____________________
3. J'ai croisé beaucoup de monde. → ____________________
4. Il a trouvé quelque chose au pied d'un arbre. → ____________________
5. Nous allons souvent ramasser des champignons. → ____________________

2b Réponds négativement aux questions suivantes ; utilise des négations différentes.

1. Collectionnes-tu toujours les timbres ? Non, je ____________________
2. Vas-tu souvent voir des expositions ? → ____________________
3. À qui as-tu offert ta collection ? → ____________________
4. As-tu quelque chose à me donner ? → ____________________

Très bien ☐ Assez bien ☐ Pas assez bien ☐

3 Identifier le verbe

Je découvre et je retiens

1 Aujourd'hui, le clown **enchaîne** les acrobaties. – Demain, le clown **enchaînera** les acrobaties. – Hier, le clown **enchaînait** les acrobaties.

► Dans la phrase, le **verbe varie** si l'on change le moment où se déroule l'action.

2 Les clowns **enchaînent** les acrobaties.

► Il varie aussi si l'on modifie son sujet.

3 Les enfants **rient** de bon cœur. (verbe ***rire***)

► Le verbe à l'**infinitif** est le **nom du verbe**.

Je m'entraîne

1 Récris les phrases en changeant le moment où se déroule l'action. Souligne les verbes.

1. Un cirque s'installe sur la place du village.

Hier, un ______________________________

Dans les prochains jours, ______________________________

2. En ce moment, les trapézistes volent dans le ciel et accomplissent des prouesses.

Au cours de leur prochain spectacle, ______________________________

Le mois dernier, ______________________________

2 Récris les phrases en mettant les sujets au pluriel.

1. Pendant que le musicien joue de la trompette, le dompteur fait sauter le tigre.

→ ______________________________

2. L'acrobate s'arrête, salue le public puis effectue un dernier saut périlleux.

→ ______________________________

3 Souligne les verbes conjugués et indique leur infinitif.

1. Le grand jour arrive (__________).
2. Manon va au cirque avec ses grands-parents (__________).
3. Depuis ce matin, elle ne tient plus en place, ses yeux brillent de bonheur (__________ ; __________).
4. Elle rêve de voir les fauves rentrer dans la cage (__________).
5. Elle adore les jongleurs (__________).
6. Elle espère que les trapézistes seront impressionnants (__________ ; __________).

As-tu réussi tes exercices ?

Très bien ☐ Assez bien ☐ Pas assez bien ☐

4 Identifier le nom

Je découvre et je retiens

1 **L'alpiniste** escalade la **paroi**, sous l'œil intéressé des **chamois**.

(L'alpiniste ↓ nom commun ; paroi ↓ nom commun ; chamois ↓ nom commun)

► Les mots qui désignent des choses, des animaux, des personnes sont des **noms communs**.

2 L'été, la vallée de **Chamonix**, dans les **Alpes**, attire de nombreux touristes.

(Chamonix ↓ nom propre ; Alpes ↓ nom propre)

► Les mots qui désignent un endroit unique, une personne précise sont des **noms propres**.

Je m'entraîne

1a Souligne les noms communs dans le texte.

1. J'étais comme poussé par une force mystérieuse. 2. Je suis entré. 3. J'ai suivi un petit chemin à travers des buissons touffus et, très vite, je suis arrivé devant la maison. 4. J'ai retenu mon souffle : une fenêtre basse était éclairée. 5. En tendant l'oreille, j'ai distingué des petits bruits secs.

1b Complète les phrases avec un nom commun de ton choix.

La (1.) ______________ de ski commence. Les (2.) ______________ glissent avec aisance sur la (3.) ______________ glacée. Les uns derrière les autres, les meilleurs (4.) ______________ dévalent les (5.) ______________ à une (6.) ______________ vertigineuse.

2 Souligne les noms propres dans le texte.

1. Aujourd'hui, nous allons visiter la ville de Perpignan et ses alentours. 2. Très vite, nous apercevons le mont Canigou, pic de la chaîne des Pyrénées. 3. Arrivés à Perpignan, nous visitons le Castillet, bâtisse originale avec ses murs en briques et la gare, centre du monde, selon le peintre Salvador Dalí. 4. Les œuvres de ce peintre sont exposées en Espagne, dans sa ville natale : Figueras. 5. L'après-midi, nous gagnerons l'Andorre.

3 Complète le texte en utilisant les noms suivants : *l'Élysée, tour, capitale, mètres, France, Gustave Eiffel, hauteur, Paris, monument.*

Paris est la (1.) ______________ de la (2.) ______________ . Le président de la République réside au palais de (3.) ______________ . La tour Eiffel est le (4.) ______________ le plus haut de (5.) ______________ . Cette (6.) ______________ , construite en 1889 par (7.) ______________ , a une (8.) ______________ de 324 (9.) ______________ .

Très bien ☐ Assez bien ☐ Pas assez bien ☐

5 Les articles

Je découvre et je retiens

1 Je pratique **la** danse moderne et **les** claquettes.

► Les articles précèdent le nom et permettent de déterminer son genre (masculin ou féminin) et son nombre (singulier ou pluriel). Les articles **définis** (***le***, ***la***, ***les***) permettent de désigner le nom avec précision.

2 Je fréquente **un** club de danse.

► Les articles **indéfinis** (***un***, ***une***, ***des***) ne désignent pas le nom avec précision.

3 Une monitrice **du** club m'encourage à poursuivre cette activité.

► Les articles ***du***, ***des***, ***au***, ***aux*** sont des **articles contractés** : *la monitrice **du** club* = *la monitrice **de le** club*.

Je m'entraîne

1a Indique dans les parenthèses le genre et le nombre de chacun des mots soulignés.

1. Le <u>navigateur</u> (________________) solitaire traverse l'océan Atlantique. 2. Par mauvais temps, la <u>mer</u> (________________) est déchaînée. 3. Les <u>vagues</u> (________________) secouent le petit <u>bateau</u> (________________). 4. Les <u>nuits</u> (________________) sont interminables. 5. Le <u>skipper</u> (________________) doit être vigilant.

1b Écris un article défini qui convient.

Dès (1.) __________ matin, (2.) __________ neige commence à tomber. Une poudre blanche recouvre (3.) __________ paysage. Soudain, un blanc manteau transforme (4.) __________ panorama. (5.) __________ enfants sont émerveillés. (6.) __________ joues collées à (7.) __________ fenêtre, ils découvrent (8.) __________ nouveau paysage. (9.) __________ tuiles ont disparu. (10.) __________ route se devine à peine.

2 Souligne les articles indéfinis dans les phrases.

1. Des voitures sont exposées dans le parc des expositions. 2. Des visiteurs sont venus de loin, parmi eux des curieux mais aussi des acheteurs. 3. Une dame s'intéresse à une belle décapotable rouge. 4. Un vendeur s'approche d'elle. 5. Il espère lui vendre un véhicule.

3 Complète avec l'article contracté qui convient.

Mes parents vont (1.) __________ marché chaque dimanche. Ils s'adressent poliment (2.) __________ commerçants. Ils achètent (3.) __________ fruits et (4.) __________ fromage. Parfois, ils rapportent (5.) __________ poisson. Aujourd'hui, maman n'a pas oublié d'acheter (6.) __________ pain et (7.) __________ lait, car elle veut préparer un flan (8.) __________ œufs.

Très bien ☐ Assez bien ☐ Pas assez bien ☐

6 Les déterminants possessifs et démonstratifs

Je découvre et je retiens

1 Chaque soir, **mon** grand-père maternel nous racontait l'histoire de **notre** famille. Il vivait avec **ses** parents et **sa** sœur dans un petit village du sud de la France.

► Les **déterminants possessifs** (*mon, ton, son, ma, ta, sa, mes, tes, ses, notre, leur*...) indiquent la **possession**, l'**appartenance**. Ils s'accordent en **genre** et en **nombre** avec le nom qu'ils déterminent.

2 Ils habitaient dans **cette** maison que tu peux voir sur **ces** photos.

► Les **déterminants démonstratifs** (*ce, cet, cette, ces*) servent à **montrer** une chose ou une personne. Ils s'accordent en **genre** et en **nombre** avec le nom qu'ils déterminent.

Je m'entraîne

1a Écris un déterminant possessif qui puisse convenir.

1. Ma sœur a une jolie maison : ______ maison est très belle et ______ forme originale attire les regards. 2. ______ murs sont de couleur ocre. 3. ______ jardin est la fierté de ______ parents. 4. ______ oncle Jean l'a aidée à la construire. 5. ______ chambre se trouve à l'étage.

1b Remplace chaque nom souligné par le nom entre parenthèses. Fais les modifications nécessaires.

1. J'ai rencontré nos amis. (ami) → ______
2. Il cherche son cartable. (cahiers) → ______

1c Transforme chaque phrase selon l'exemple.

Exemple : C'est le frère de Camille. → C'est son frère.

1. C'est l'ordinateur de mes cousins. → ______
2. C'est mon anniversaire et celui de mon père. → ______

2a Écris le déterminant démonstratif qui convient.

1. ______ chien est très peureux, il fuit dès que nous nous approchons de lui. 2. ______ animal est malheureux en cage. 3. C'est dans ______ partie des Pyrénées que l'on peut rencontrer des ours. 4. ______ oiseaux migrateurs reviennent des pays chauds. 5. ______ garde forestier contrôle ______ réserve naturelle.

2b Remplace chaque nom souligné par le nom entre parenthèses. Fais les modifications nécessaires.

1. À qui appartient ce stylo ? (règle) → ______
2. Il viendra cette semaine. (matin) → ______
3. Qui a acheté cet ordinateur ? (console) → ______

Très bien ☐ Assez bien ☐ Pas assez bien ☐

7 Les déterminants interrogatifs

Je découvre et je retiens

1 À **quelle** heure prenez-vous l'avion ? (féminin singulier) Dans **quel** pays vous rendez-vous ? (masculin singulier)

► Les **déterminants interrogatifs** (*quel, quelle, quels, quelles*) permettent de poser une **question**. Ils s'accordent en **genre** et en **nombre** avec le nom qu'ils accompagnent.

2 **Quelles** sont les capitales des pays européens ? (féminin pluriel) **Quels** sont les plus beaux monuments de Paris ? (masculin pluriel)

► Le déterminant interrogatif est **parfois séparé du nom** qu'il détermine par le **verbe *être***.

Je m'entraîne

1a Encadre les déterminants interrogatifs. Souligne le nom qu'ils déterminent et indique son genre et son nombre.

1. Quelles émissions regardes-tu souvent à la télévision ? (__________-__________)
2. Quel acteur français préfèrent-ils ? (__________-__________)
3. Quelle nation a organisé les jeux Olympiques en 2008 ? (__________-__________)
4. Quels athlètes aimerais-tu rencontrer ? (__________-__________)

1b Écris le déterminant interrogatif qui convient : *quel – quelle – quels – quelles*.

1. __________ parfums préférez-vous ?
2. __________ film avez-vous vu dernièrement ?
3. __________ robe portiez-vous à ce mariage ?
4. __________ chansons connaissez-vous ?

2a À partir des réponses suivantes, retrouve les questions posées.

1. Ma matière préférée est la géographie. → __________
2. Paris et Marseille sont les deux plus grandes villes françaises. → __________
3. Le Rhône et la Loire sont les deux plus longs fleuves de notre pays. → __________

2b Complète avec le déterminant interrogatif qui convient. Souligne le nom qu'il détermine.

1. __________ est ta couleur préférée ?
2. __________ étaient tes activités favorites les jours de congés ?
3. __________ est l'animal le plus rapide au monde ?
4. __________ sont les pays étrangers que tu aimerais visiter ?

Très bien ☐ Assez bien ☐ Pas assez bien ☐

8 Les pronoms personnels (1)

Je découvre et je retiens

1 Le clown fait rire les enfants. Il joue de plusieurs instruments de musique.

► Les **pronoms personnels sujets** (*je, tu, il, elle, nous, vous, ils, elles*) permettent d'**éviter** des répétitions.

2 Maël, lui, n'a jamais autant ri de sa vie.

► Le **sujet** peut être **renforcé** par l'emploi d'un **pronom personnel**.

3 Emma et moi, nous n'avons pas pu assister à ce spectacle.

► Un **pronom personnel** peut remplacer **plusieurs personnes**.

Je m'entraîne

1 Complète ce texte avec les pronoms personnels qui conviennent.

Avec maman, (1. ______) sommes allés au cirque. (2. ______) était installé dans le village voisin. (3. ______) avons assisté à plusieurs numéros. (4. ______) étaient tous très beaux. Les lions et les tigres paraissaient méchants. Pourtant, (5. ______) obéissaient à leur dresseur. Une dame jonglait avec des assiettes. (6. ______) n'en a pas cassées. Mon voisin a adoré les clowns. (7. ______) riait aux éclats. Maman a été impressionnée par les trapézistes. (8. ______) avait le cœur qui battait très fort. (9. ______) ai aimé les magiciens. Les spectateurs étaient heureux. (10. ______) applaudissaient bruyamment.

2 Renforce chaque sujet avec le pronom personnel qui convient.

Exemple : Je sors. → Moi, je sors.

1. Tu restes là. → ______, tu restes là ! 2. Il joue dans sa chambre. → ______, il joue dans sa chambre. 3. Nous apprenons nos leçons. → ______, nous apprenons nos leçons. 4. Ils écoutent de la musique. → ______, ils écoutent de la musique. 5. Vous ne faites rien. → ______, vous ne faites rien.

3 Récris les phrases en remplaçant les groupes nominaux soulignés par les pronoms personnels qui conviennent et en mettant le verbe au présent de l'indicatif.

1. Louis, Lucas et Yasmina (regagner) leur place. → ______
2. Raphaël et toi (avoir) de bonnes notes. → ______
3. Mes cousins, toi et moi (sortir) ce soir. → ______
4. Tes amis et toi (venir) me voir. → ______
5. Elle et lui ne se (parler) plus. → ______

Très bien ☐ Assez bien ☐ Pas assez bien ☐

9 Les pronoms personnels (2)

Je découvre et je retiens

1 Hier, j'ai attrapé **un gros poisson**. Je **l'**ai mesuré puis je **l'**ai rejeté à l'eau. Parfois, j'**en** attrape plusieurs.
L' remplace un gros poisson ; en désigne les poissons.

► Les **pronoms personnels** (*me, te, le, la, l', lui, se, nous, vous, les, leur, en, y*) remplacent un **complément**.

2 Mes voisins aiment **le poisson**. Je **le** leur donne.
Le *et* leur *évitent la répétition de* **le poisson** *et de* mes voisins.

► Un **même verbe** peut avoir **deux pronoms** personnels compléments.

Je m'entraîne

1a Remplace le groupe nominal souligné par un pronom personnel.

1. Mes sœurs se précipitent pour lire <u>cette lettre</u>. → Mes sœurs ______
2. Le maître distribue <u>les contrôles</u>. → ______
3. Le directeur surveille <u>l'étude</u>. → ______
4. Papi et mamie vont <u>au marché</u>. → ______

1b Souligne chaque groupe nominal complément. Remplace-le en utilisant le pronom personnel qui convient.

1. Notre classe organise un tournoi de ping-pong. → Notre classe ______
2. Les filles rédigent le règlement. → ______
3. Les garçons arbitreront les rencontres. → ______

1c Réponds affirmativement aux questions en employant des pronoms personnels.

1. As-tu rangé tes affaires ? Oui, je ______ rangées.
2. Avez-vous fait vos courses ? Oui, ______ faites.
3. A-t-il envoyé ses vœux ? Oui, ______ envoyés.
4. Ont-ils éteint la lumière de leur chambre ? Oui, ______ éteinte.

2 Transforme les phrases selon l'exemple.

Exemple : Le dompteur donne un morceau de viande au lion. → Il le lui donne.

1. Maman lace les chaussures de mon petit frère. → ______
2. Ma sœur et moi préparons une surprise à nos parents. → ______
3. Je lance des appâts aux poissons. → ______
4. Les agriculteurs donnent le foin aux animaux. → ______

Très bien ☐ Assez bien ☐ Pas assez bien ☐

10 Les adverbes

Je découvre et je retiens

1 Je <u>vais</u> **souvent** à la piscine. C'est **très** <u>agréable</u>. Je commence à nager **assez** <u>bien</u>.
verbe — adjectif — adverbe

► Les **adverbes** sont des mots **invariables** qui précisent le sens d'un **verbe**, d'un **adjectif** ou d'un **autre adverbe**.

2 **De temps en temps**, je suis les cours du maître nageur.

► Les **adverbes** peuvent être formés de plusieurs mots. Ce sont des **locutions adverbiales**.

Je m'entraîne

1a Relie par une flèche l'adverbe souligné au mot qu'il précise.

1. Cette voiture avance <u>lentement</u>.
2. Son moteur paraît <u>vraiment</u> fatigué.
3. Son conducteur s'arrête <u>assez</u> souvent.

1b Écris l'adverbe qui convient : ***cependant – beaucoup de – largement – plus – toujours – vraiment – néanmoins – bien – plutôt – régulièrement.***

1. En français, ses résultats sont ______ exceptionnels. 2. Ses notes sont toutes ______ au-dessus de la moyenne. 3. Il travaille ______ et ______ avec ______ plaisir. 4. En mathématiques ______, ses résultats sont ______ moyens. 5. Il pourrait ______ mieux faire, en travaillant ______ régulièrement. 6. Il mérite, ______, les encouragements.

2 Complète les phrases avec les locutions adverbiales suivantes : ***la plupart du temps – de bon cœur – haut la main – de temps en temps – d'arrache-pied – à l'improviste.***

1. Il vient me voir ______ 2. Il ne reste ______ pas très long-temps. 3. Ce matin, il est arrivé ______ 4. Il travaille ______ 5. Il espère réussir ses examens ______ 6. Je le reçois toujours ______

3 Remplace les expressions soulignées par un adverbe terminé par *-ment*.

1. Elle me répond <u>avec franchise</u>. → Elle ______
2. Il me reçoit <u>avec dignité</u>. → ______
3. Maëlle range ses documents <u>avec soin</u>. → ______
4. Ce périodique paraît <u>tous les mois</u>. → ______
5. J'attends mon tour <u>avec patience</u>. → ______

Très bien ☐ Assez bien ☐ Pas assez bien ☐

11 Identifier le sujet (1)

Je découvre et je retiens

1 Le pêcheur attrape un poisson.
C'est le pêcheur ***qui*** *attrape un poisson.* ***Qui est-ce qui*** *attrape un poisson ? Le pêcheur.*
Les pêcheurs attrapent un poisson.
Ce sont les pêcheurs ***qui*** *attrapent un poisson.* ***Qui est-ce qui*** *attrapent un poisson ? Les pêcheurs.*

► Dans une phrase, le groupe qui peut être encadré par ***c'est*** … ***qui*** ou ***ce sont*** … ***qui*** est le **sujet** du verbe. On peut aussi trouver le sujet en posant la question : ***qui est-ce qui ?*** ou ***qu'est-ce qui ?*** avant le verbe.

2 **Un beau voilier** navigue près de la côte. **Maxime** est à bord. **Il** passe une bonne journée.
↓ groupe nominal — ↓ nom propre — ↓ pronom personnel

► Le sujet peut être un **groupe nominal**, un **nom propre** ou un **pronom personnel**.

Je m'entraîne

1a **Récris les phrases en commençant par *c'est … qui* ou *ce sont … qui*, puis souligne les sujets.**

1. Le goal détourne le ballon en corner. → ____________________
2. Ses équipiers l'applaudissent. → ____________________
3. Les supporters poussent des cris de joie. → ____________________

1b **Pose oralement la question *qui est-ce qui ?* ou *qu'est-ce qui ?* avant le verbe puis écris les sujets.**

1. Le retour des hirondelles annonce le printemps. → ____________________
2. Les jonquilles embellissent les rives du canal. → ____________________
3. Le merle et la merlette construisent leur nid. → ____________________

2a **Souligne les sujets dans le texte.**

1. Hier, notre maître nous a demandé de raconter nos vacances. 2. Léa a parlé d'une croisière sur la Méditerranée. 3. Avec ses parents, elle a embarqué à Marseille. 4. Le *Corail* est un navire de plus de sept cents places. 5. De nombreux employés s'occupent des touristes. 6. Heureusement, la mer Méditerranée était très calme. 7. Malgré ça, sa sœur a été malade. 8. Lucie et son frère Mathis ont montré les photos de la ferme de leurs grands-parents. 9. Sur l'une d'elle, Mathis conduit un gros tracteur. 10. Les poules et les canards vivent en liberté.

2b **Relève les sujets de l'exercice précédent et classe-les ci-dessous.**

Noms propres : ____________________
Groupes nominaux : ____________________
Pronoms personnels : ____________________

Très bien ☐ Assez bien ☐ Pas assez bien ☐

12 Identifier le sujet (2)

Je découvre et je retiens

1 Au loin, apparaît **un bateau**. De sa cheminée, se dégage **une épaisse fumée**.
*C'est un bateau **qui** apparaît au loin. C'est une épaisse fumée **qui** se dégage de sa cheminée.*

► Quand le sujet est placé après le verbe, on dit qu'il est **inversé**.

2 **Des marins**, toute la journée, s'occupent de l'entretien du navire.
*Ce sont des marins **qui** s'occupent toute la journée de l'entretien du navire.*

► Dans une phrase, le sujet est parfois **éloigné** du verbe.

Je m'entraîne

1a Récris les phrases en commençant par *c'est … qui* ou *ce sont … qui*, puis souligne les sujets.

1. Au-dessus de nous, passe un avion. → ______
2. Dans le pré, atterrissent des parachutistes. → ______

1b Pose oralement la question *qui est-ce qui ?*, puis écris les sujets.

1. Devant l'école passe Monsieur le maire. → ______
2. « Bonjour », disent en chœur les enfants. → ______

1c Souligne les sujets dans les phrases.

1. « Au feu, au feu ! » crient les passants affolés.
2. De toutes parts surgissent des badauds.

2a Pose oralement la question *qui est-ce qui ?*, puis souligne les sujets.

1. Le bateau à voile, à cause d'un fort vent du sud, menace de démâter.
2. Les matelots, même pendant la tempête, s'activent sans relâche sur le pont.

2b Dans ce texte, repère les verbes puis souligne les sujets.

1. De nombreux satellites, de nos jours, tournent autour de la Terre.
2. Certains nous donnent des renseignements sur le temps.
3. Les ingénieurs de Météo France les utilisent pour réaliser les prévisions météorologiques.
4. En Guyane française a été construite la base de la fusée européenne.
5. De cette base, sont effectués tous les lancements de la fusée Ariane.
6. Les techniciens, le jour J, attendent avec impatience le compte à rebours.

Très bien ☐ Assez bien ☐ Pas assez bien ☐

13 Les compléments essentiels

Je découvre et je retiens

1 Le soleil réchauffe **la Terre.**
Le soleil réchauffe.
La Terre, le soleil réchauffe.
Ces deux dernières phrases sont incorrectes.

► Les compléments que l'on ne peut **ni supprimer ni déplacer** sont des compléments **essentiels.**

2 **La nuit**, l'étoile Polaire indique le nord.
L'étoile Polaire indique le nord.
L'étoile Polaire, **la nuit**, indique le nord.
L'étoile Polaire indique le nord **la nuit.**
Ces phrases sont correctes.

► Les compléments que l'on peut **supprimer** ou **déplacer** sont des compléments **non essentiels.**

Je m'entraîne

1a Peut-on supprimer ou déplacer les groupes soulignés ? Réponds par oui ou non.

Nous recevrons nos correspondants (1. __________) la semaine prochaine (2. __________).
Samedi après-midi (3. __________), nous visiterons le musée du Louvre (4. __________).
Ensuite (5. __________), nous remonterons en voiture (6. __________) les Champs-Élysées (7. __________).

1b Dans chaque phrase, souligne les compléments essentiels.

1. J'ai visité la salle de musculation de ma tante. 2. Dans le hall d'entrée, elle a installé plusieurs vélos d'appartement. 3. Certaines personnes utilisent ces appareils régulièrement. 4. Dans une salle voisine, quelques adhérents font de la musculation. 5. Sur la gauche, je remarque une deuxième salle. 6. Dans cette salle, ma tante donne tous les matins des cours de gymnastique. 7. Le reste de la journée, elle conseille les adhérents.

2a Déplace les compléments non essentiels en début de phrase.

1. Mon frère aura un ordinateur tout neuf pour Noël. → ____

2. Les enfants écoutent attentivement le conteur. → ____

3. Les garçons sont nombreux dans cette classe. → ____

2b Souligne les compléments non essentiels.

1. De bon matin, Timéo promène son chien dans la forêt. 2. Il marche longtemps. 3. Il ne rencontre personne. 4. Tout à coup, il entend un bruit au milieu d'un buisson. 5. Il s'arrête, s'approche lentement. 6. Il découvre un lapin blessé. 7. Il prend l'animal dans ses bras, caresse doucement son pelage et ramène le blessé à la maison le plus vite possible.

Très bien ☐ **Assez bien** ☐ **Pas assez bien** ☐

14 Les compléments circonstanciels de lieu et de temps

Je découvre et je retiens

1 Manon a un ordinateur **dans sa chambre.**
Manon, **dans sa chambre,** a un ordinateur.
Manon a un ordinateur.
Ces trois phrases sont correctes.

► Les **compléments circonstanciels** peuvent être **supprimés** ou **déplacés.**

2 **Tous les mercredis,** elle suit des cours d'informatique **à la maison des savoirs.**
Quand suit-elle des cours ? ***Tous les mercredis.***
Où les suit-elle ? ***À la maison des savoirs.***

► Ces compléments apportent des précisions :
- sur le **lieu** de l'action. Ce sont des **compléments circonstanciels de lieu** (CCL) ;
- sur le **moment** de l'action. Ce sont des **compléments circonstanciels de temps** (CCT).

Je m'entraîne

1a Récris chaque phrase en déplaçant les compléments circonstanciels soulignés.

1. Aubin ramasse des champignons dans la forêt. → ____________________
2. Nous achèterons les fleurs à la jardinerie. → ____________________

1b Supprime les compléments circonstanciels.

1. Louanne plante des fleurs dans le jardin. 2. Pendant ce temps, son frère nettoie la piscine. 3. En fin de matinée, avec leur papi, ils installeront le salon d'été sur la terrasse. 4. Avant l'arrivée de leurs parents, ils allumeront le barbecue. 5. Ensuite, ils mettront les couverts sur la table.

2a Souligne les compléments circonstanciels et indique s'il s'agit d'un CCL ou d'un CCT.

1. Ce film a été tourné en Espagne au début de l'année dernière. (__________) 2. La même année, il est sorti, en France, dans de nombreuses salles. (__________) 3. Chaque matin, avant le tournage, les maquilleuses préparaient les nombreux figurants. (__________) 4. Les actrices, dans leur loge, relisaient le scénario. (__________)

2b Complète chaque phrase avec le complément demandé.

1. Les jours raccourcissent (CCT) ____________________ .
2. (CCL) ____________________, les hirondelles sont nombreuses.
3. Les bourgeons éclosent (CCT) ____________________ .
4. Des tulipes multicolores poussent (CCL) ____________________ .
5. (CCL) ____________________, un merle siffle (CCT) ____________________ .

Très bien ☐ Assez bien ☐ Pas assez bien ☐

15 Le complément d'objet direct

Je découvre et je retiens

1 Un puissant éclair déchire **le ciel.** → Un puissant éclair déchire. (*Cette phrase est incorrecte.*)
Le groupe complément ***le ciel*** *est* ***essentiel.*** *(On ne peut pas le supprimer.)*
Un puissant éclair déchire ***quoi ? Le ciel.***

► Un complément essentiel de construction directe (quand aucun mot ne le sépare du verbe) est un **complément d'objet direct** (COD). Il répond aux questions ***qui ?*** ou ***quoi ?***

2 Un violent orage affole **Guillaume**. Il appelle **son petit frère**. Il **le** ramène à la maison.
(Guillaume ↓ nom propre ; son petit frère ↓ groupe nominal ; le ↓ pronom personnel)

► Le complément d'objet direct peut être un **nom propre**, un **groupe nominal** ou un **pronom personnel**.

Je m'entraîne

1a **Pose oralement la question *qui ?* ou *quoi ?* après le verbe puis souligne le COD.**

1. L'avion à réaction passe le mur du son. **2.** Surpris par le bruit, Marc scrute l'horizon. **3.** Il aperçoit au loin une fumée multicolore.

1b **Dans chaque phrase, souligne le COD.**

1. J'ai lu un roman policier. **2.** Il décrit une aventure extraordinaire. **3.** Cet élève a écrit une belle histoire. **4.** Les contes de Perrault charment les jeunes enfants.

1c **Dans chaque phrase, souligne le COD s'il existe.**

1. Ce peintre a beaucoup de talent. **2.** Ses tableaux sont exposés dans un grand musée. **3.** Les visiteurs s'arrêtent souvent devant cette toile. **4.** Ce portrait me rappelle un personnage célèbre.

2a **Souligne les COD et indique leur nature : nom propre (NP), groupe nominal (GN), pronom personnel (PP).**

1. J'accompagne Younès à l'école. (________) **2.** Sa maîtresse l'accueille sur le pas de la porte. (________)
3. Certains élèves commencent un dessin. (________) **4.** D'autres lisent une bande dessinée. (________)
5. À l'heure précise, chacun regagne sa place. (________)

2b **Complète, quand c'est possible, les phrases avec un complément d'objet direct.**

1. L'hiver, par temps de neige, le garde forestier soigne ________________ . **2.** Il distribue ________________ le soir, car les animaux sauvages mangent surtout la nuit. **3.** Au moindre bruit, ils s'enfuient ________________ . **4.** La neige étouffe ________________ . **5.** La clarté de la nuit éclaire ________________ . **6.** Pendant que les bêtes s'approchent, l'homme regarde ________________ et écoute ________________ .

As-tu réussi tes exercices ?

Très bien ☐ Assez bien ☐ Pas assez bien ☐

16 Le complément d'objet **indirect**

Je découvre et je retiens

1 Noah se souvient **de ses grands-parents** → Noah se souvient. (*Cette phrase est incorrecte.*)
Le groupe complément **ses grands-parents** *est* ***essentiel****. (On ne peut pas le supprimer.) Il est séparé du verbe par une* ***préposition****.*
Noah se souvient ***de qui ?*** ***De ses grands-parents****.*

► Un complément essentiel de construction indirecte est un **complément d'objet indirect (COI)**. Il répond aux questions ***à qui ? à quoi ? de qui ? de quoi ?***

2 Noah parle **de Paul et de Léa**. Il parle **de ses cousins**. Il parle **d'eux**.
↓ noms propres — ↓ groupe nominal — ↓ pronom personnel

► Le complément d'objet indirect peut être un **nom propre**, un **groupe nominal** ou un **pronom personnel**.

Je m'entraîne

1a Pose oralement la question qui permet de trouver le complément d'objet indirect puis souligne-le.

1. Nous téléphonons toutes les semaines à nos amis. 2. Le journaliste se souvient encore de notre rencontre. 3. Il me parle constamment de son chien. 4. Émilie pense à sa leçon de piano.

1b Complète chaque phrase en ajoutant la préposition qui convient.

1. Te souviens-tu ________ cette histoire ? 2. Je t'ai confondu ________ ton frère. 3. Vous serez interrogés ________ les gendarmes. 4. Nous comptons ________ vous dimanche. 5. Il se dévoue ________ les autres. 6. J'ai appris la leçon ________ le système solaire. 7. Il donne des graines ________ pigeons.

2 Souligne les COI et indique leur nature.

1. Mon ami parle régulièrement de ses amis belges. (________)
2. Il pense souvent à eux. (________)
3. Il s'occupera, ce soir, de son prochain voyage. (________)
4. Nous y participerons avec beaucoup de plaisir. (________)

3 Souligne les compléments d'objet et indique si ce sont des COD ou des COI.

1. Notre classe a organisé un concours de dessin. (________) 2. Ce concours est ouvert à tous les élèves de l'école. (________) 3. Le pilote craint le mauvais temps. (________) 4. L'hôtesse s'occupe des passagers. (________) 5. Cet écrivain présentera son nouveau livre. (________) 6. Il répondra à toutes vos questions. (________) 7. Ne parlez plus de ces problèmes. (________) 8. Mon frère a trouvé la solution. (________)

Très bien ☐ Assez bien ☐ Pas assez bien ☐

17 Le complément d'objet second

Je découvre et je retiens

1 Papi raconte sa jeunesse **à Gabriel**. Mamie apprend une chanson **à ses petites-filles**.

sa jeunesse ↓ COD — à Gabriel ↓ compl. d'objet second — une chanson ↓ COD — à ses petites-filles ↓ compl. d'objet second

Papi raconte sa jeunesse. Mamie apprend une chanson. *(Ces phrases sont correctes.)*

► Le **complément d'objet second (COS)** complète un verbe. Il est placé en second, **après un complément d'objet direct** et est introduit par une **préposition** (*à*, *de*…). On peut le supprimer.

2 Papi **lui** raconte sa jeunesse. Mamie **leur** apprend une chanson.

lui ↓ à Gabriel — leur ↓ à ses petites-filles

► Le complément d'objet second peut être **remplacé** par un **pronom personnel**.

Je m'entraîne

1a Mets le complément d'objet second en relief au début de la phrase.

1. J'ai offert des fleurs à maman. C'est ______________ que j'ai ______________
2. Guillaume reçoit un cadeau de sa voisine. C'est ______________
3. Les visiteurs donnent du pain aux canards. ______________

1b Dans chaque phrase, souligne le COS.

1. Chaque semaine, le maître apprend une poésie à ses élèves. 2. Le guide montre le passage à ses clients.
3. Le facteur apporte le courrier à leur destinataire. 4. L'alpiniste raconte son exploit aux téléspectateurs.

2a Récris chaque phrase en remplaçant le COS souligné par un pronom personnel.

1. Je dois remettre cette lettre à mon voisin. → ______________
2. Il offre des fleurs à ses invités. → ______________
3. Hugo écrit une lettre à sa sœur. → ______________
4. Maëlle donne un bonbon à Paolo. → ______________

2b Remplace les pronoms personnels COS soulignés par un groupe nominal.

1. Prête-lui ton livre de lecture. → ______________
2. Donne-leur de bons conseils. → ______________
3. Envoie-nous un message. → ______________
4. Achète-moi ce CD. → ______________

As-tu réussi tes exercices ?

Très bien ☐ Assez bien ☐ Pas assez bien ☐

18 Le groupe nominal

Je découvre et je retiens

1 Après quelques **heures** ~~d'efforts~~, les randonneurs arrivent **au sommet** ~~de la montagne~~.
(quelques → déterminant ; au → déterminant)

Après quelques heures, les randonneurs arrivent au sommet.

► Le **nom** est le mot essentiel du **groupe nominal**. Il est accompagné d'un **déterminant**.

2 Je vois, dans la <u>profonde</u> **vallée**, les **troupeaux** <u>de moutons</u> et les **bergers** <u>qui les surveillent</u>.
(profonde → adjectif qualificatif ; de moutons → groupe nominal ; qui les surveillent → proposition)

► Le nom peut être précisé par un **adjectif qualificatif**, un **groupe nominal** ou une **proposition** (groupe qui contient un verbe conjugué).

Je m'entraîne

1a Réduis le groupe nominal pour mettre en évidence le nom essentiel et le déterminant.

1. Un train électrique
2. La voiture qui est la plus rapide
3. Le code de la route
4. Le camion des pompiers
5. Une collection de voitures
6. Des véhicules tout terrain

1b Dans les groupes nominaux, souligne le nom essentiel.

1. Une forêt de pins sylvestres
2. De nombreux pêcheurs de truites
3. Les eaux boueuses du torrent
4. Un vol d'oiseaux migrateurs
5. Le plus haut sommet des Alpes
6. Des routes de montagne étroites et sinueuses

1c Souligne les groupes nominaux et entoure le mot essentiel.

1. Le canot de sauvetage affronte une mer déchaînée. 2. Le pilote du navire a lancé un appel de détresse. 3. Un vent violent secoue l'embarcation aux voiles multicolores. 4. Les gros voiliers qui croisent au large secourent les petits bateaux. 5. La vigilance de tous évite de nombreux naufrages.

2 Complète chaque groupe nominal selon le modèle.

GN complété par...	un adjectif qualificatif	un groupe nominal	une proposition
Un ami	*Un grand ami*	*Un ami d'enfance*	*Un ami qui m'est cher*
Un dessin			
Un jeu			

Très bien ☐ Assez bien ☐ Pas assez bien ☐

19 Le complément du nom

Je découvre et je retiens

1 À Noël, j'envoie habituellement des cartes **de vœux**.
groupe nominal

Le groupe nominal **de vœux** *donne un renseignement sur le groupe nominal* des cartes.

► Un nom ou un groupe nominal peut être complété par un **complément du nom**. Il peut être supprimé (il n'est pas essentiel au sens de la phrase). Il est introduit par une **préposition** : *à*, *de*, *au*, *en*, *avec*...

2 Si je n'ai pas le temps **d'écrire**, je passerai un coup **de téléphone**.
verbe — groupe nominal

► Le complément du nom peut être un **nom**, un **groupe nominal**, un **verbe à l'infinitif**.

Je m'entraîne

1a Souligne, quand il existe, le complément du nom et relie-le au groupe nominal qu'il complète.

1. Un satellite de la Terre
2. L'étoile du Berger
3. Une étoile filante
4. La planète des Singes
5. La planète Mars
6. Une éclipse du Soleil

1b Précise chaque groupe nominal par un complément du nom.

1. Un groupe ____________
2. Une compagnie ____________
3. Une horde ____________
4. Une nichée ____________

1c Souligne les groupes nominaux complets, puis encadre le complément du nom.

1. Dépêche-toi, il est l'heure de partir. 2. N'oublie pas tes affaires de piscine ; elles sont dans la salle de bains. 3. Mets ton sac de sport dans le coffre de la voiture. 4. Je n'ai pas le temps d'attendre, je reviendrai après le cours de natation. 5. À mon retour, nous irons manger au restaurant de la gare. 6. L'après-midi, je t'amènerai au cinéma du centre-ville voir un film de science-fiction.

2 Souligne les compléments du nom et indique leur nature dans les parenthèses.

1. Lentement, il marcha jusqu'à la tombée de la nuit (____________) et arriva au pied d'une colline (____________). 2. Là, au milieu d'une forêt de conifères (____________), il découvrit une cabane en bois (____________). 3. Nathan laissa échapper un cri de triomphe (____________) : il avait enfin retrouvé la cabane de son enfance (____________). 4. Des larmes de joie (____________) emplirent ses yeux. 5. Des images de ses vacances à la campagne (____________) défilèrent dans sa tête. 6. Il s'assit et prit le temps de rêver (____________).

Très bien ☐ Assez bien ☐ Pas assez bien ☐

20 L'adjectif qualificatif épithète

Je découvre et je retiens

1 Dans cette bibliothèque, on peut consulter de **beaux** livres **anciens**.
(beaux ↓ adj. — livres ↓ nom — anciens ↓ adj.)

Beaux *et* **anciens** *donnent des renseignements sur le nom* livres. *Ce sont des adjectifs qualificatifs.*

► **L'adjectif qualificatif épithète** fait partie du groupe nominal. Il n'est pas séparé du nom par un verbe. Il précise le nom qu'il accompagne.

2 Dans cette bibliothèque, on peut consulter des livres.

► L'adjectif qualificatif épithète peut être **supprimé**. La phrase reste correcte.

Je m'entraîne

1a Dans chaque groupe nominal, souligne le nom et entoure l'adjectif qualificatif épithète s'il existe.

1. Des planètes lointaines – 2. Une étoile filante – 3. Le coucher de soleil – 4. Une nuit étoilée – 5. Une éclipse de lune – 6. Un temps hivernal.

1b Remplace le complément de nom par un adjectif épithète de même sens.

1. Un temps d'été → ________ 2. La vie sur terre → ________
3. Un phénomène de la nature → ________ 4. Une éclipse du soleil → ________

1c Souligne les adjectifs épithètes et relie-les au nom qu'ils accompagnent.

1. Dans les forêts d'Europe vivent des animaux carnivores. 2. Ils sont de petite taille. 3. Leur corps léger leur permet des sauts vertigineux. 4. La fouine, par exemple, vive et rapide attrape facilement des rats des champs.

1d Ajoute des adjectifs qualificatifs épithètes.

1. La course a commencé. Le temps ________ et ________ n'a pas découragé le ________ public. 2. Une voiture ________ a dérapé sur la route ________ 3. Des spectateurs ________ ont encouragé le pilote ________ . 4. Celui-ci, malgré ses ________ ennuis, a remporté une ________ et ________ victoire.

2 Souligne les adjectifs qualificatifs épithètes.

1. Mon petit frère et moi, nous étions partis faire une longue course en haute montagne. 2. Au détour d'un chemin caillouteux, nous débouchâmes devant un paysage merveilleux et unique. 3. Au premier plan, d'énormes tas de neige blanche recouvraient çà et là une pelouse jaunie par l'hiver. 4. Par endroits, adossés à de gros rochers, un tapis de crocus multicolores annonçait le début du printemps.

Très bien ☐ Assez bien ☐ Pas assez bien ☐

21 L'attribut du sujet

Je découvre et je retiens

1 La France est **un grand pays.**
Un grand pays est un attribut du sujet. Il est séparé du sujet La France *par le verbe* être.

► L'attribut du sujet donne des informations sur le sujet.
Il est séparé du sujet par **un verbe d'état** : *être, paraître, sembler, devenir, demeurer, rester, avoir l'air…*

2 Cette région est **montagneuse**. Ces sommets sont **des pics très pointus**.

Cette région	montagneuse	Ces sommets	des pics très pointus
féminin singulier	adjectif féminin singulier	masculin pluriel	groupe nominal masculin pluriel

► Un attribut du sujet est le plus souvent un **adjectif**, un **nom** ou un **groupe nominal**. Il s'accorde en genre et en nombre avec le sujet.

Je m'entraîne

1a Encadre les verbes d'état.

1. Paris est la capitale de la France.
2. L'avenue des Champs-Élysées est grandiose.
3. La circulation des voitures paraît difficile.
4. Avec la pluie, la chaussée devient glissante.

1b Souligne les attributs du sujet.

1. Ton histoire me paraît invraisemblable. 2. Malgré les difficultés, il reste courageux. 3. Mon frère devient aimable. 4. Ce livre est une réussite. 5. Cet animal a l'air peureux.

1c Dans chaque phrase, souligne l'attribut du sujet quand il existe.

1. Ce boa est impressionnant. 2. Il a une taille gigantesque. 3. Son propriétaire est l'ami de mes parents. 4. Il lui donne des souris. 5. Ce reptile reste immobile pendant des jours. 6. Il semble endormi. 7. Il digère sa proie.

2a Souligne les attributs du sujet et indique leur nature.

1. Dans la jungle, le lion est un grand prédateur. (______________________)
2. Le pisteur reste calme malgré la présence d'animaux sauvages. (______________________)
3. Le panda est devenu un animal très rare. (______________________)

2b Complète chaque sujet souligné par un attribut du sujet.

1. Toute la journée, le lion ______________________.
2. Dans ce cirque, le dompteur ______________________.
3. Avant d'entrer en scène, la danseuse ______________________.
4. Tout au long du spectacle, les spectateurs ______________________.

Très bien ☐ Assez bien ☐ Pas assez bien ☐

22 La proposition relative

Je découvre et je retiens

1 Le joueur qui ne **respecte** pas les arbitres ne devrait plus rentrer sur le terrain.
(joueur → nom commun ; respecte → verbe)

Qui ne respecte pas les arbitres *donne un renseignement sur le nom* joueur.

► Un nom peut être complété par une **proposition relative**. La proposition relative contient un **verbe conjugué** ; elle est introduite par un **pronom relatif** (*qui* ou *que*).

2 Le joueur vient de marquer un but. Le joueur est heureux.
Le joueur qui **vient** de marquer un but est heureux.
(qui → pronom relatif ; vient → verbe)

► Pour éviter une répétition, on peut relier deux phrases en utilisant un pronom relatif.

Je m'entraîne

1a Dans les phrases suivantes, supprime les propositions relatives.

1. J'ai aimé le livre que tu m'as conseillé. → ______
2. L'homme qui m'a renseigné connaît bien sa ville. → ______
3. N'oublie pas d'apporter les jouets que tu m'as promis. → ______
4. Les élèves qui travaillent réussissent. → ______

1b Complète le groupe nominal souligné par une proposition relative.

1. J'écoute le vent qui ______.
2. Je regarde la mer qui ______.
3. Le coquelicot est une fleur que ______.
4. Les gens que ______ sont arrivés.
5. Vous m'avez préparé le plat ______.

2 Regroupe ces deux phrases en une seule en utilisant les pronoms relatifs *qui* ou *que*.

1. Tu portes un chandail. Ce chandail me plaît.
Tu portes ______.
2. Vous avez acheté une calculatrice. Cette calculatrice vous sera très utile.
→ ______.
3. Théo murmure une phrase. Je ne comprends pas cette phrase.
→ ______.

Très bien ☐ Assez bien ☐ Pas assez bien ☐

23 L'adjectif, le complément du nom, la proposition relative

Je découvre et je retiens

1 C'est un fossile **préhistorique**. (↓ adjectif qualificatif épithète) C'est un fossile **de la préhistoire**. (↓ groupe nominal complément du nom)

► Un **adjectif qualificatif épithète** peut être remplacé par un **groupe nominal complément du nom** et inversement.

2 Il collectionne les papillons **nocturnes**. (↓ adjectif qualificatif épithète) Il collectionne les papillons **qui vivent la nuit**. (↓ proposition relative)

► Un **adjectif qualificatif épithète** peut être remplacé par une **proposition relative** et inversement.

Je m'entraîne

1a Remplace chaque adjectif qualificatif épithète par un complément du nom.

1. Le train régional → ______
2. L'hymne national → ______
3. Le drapeau français → ______
4. Une ville européenne → ______

1b Transforme les compléments du nom soulignés en adjectifs épithètes.

1. Une attitude <u>d'enfant</u> → ______
2. Une idée <u>de génie</u> → ______
3. Un geste <u>de folie</u> → ______
4. Une minute <u>de silence</u> → ______

2a Remplace chaque adjectif qualificatif épithète par une proposition relative.

1. Un être cher → ______
2. Un personnage connu → ______

2b Transforme les propositions relatives soulignées en adjectifs épithètes.

1. L'équipe <u>qui a gagné</u> fait un tour d'honneur. → ______
2. Les élèves <u>qui arriveront en retard</u> seront punis. → ______

3 Effectue les transformations demandées.

Adjectif qualificatif	Complément du nom	Proposition relative
______	Une plante **des Alpes**	______
Une température **estivale**	______	______
______	______	Le globe **qui représente la Terre**

Très bien ☐ Assez bien ☐ Pas assez bien ☐

24 Le verbe

Je découvre et je retiens

1 Le coq **chante** à l'aube. Le coq **chantait**. Le coq **chantera**. → **Chanter** a un seul radical : **chant-**.
Je **prends** plaisir à l'écouter. Je **prenais**... Je **prendrai**... → Prendre *a plusieurs radicaux.*

► Les verbes **réguliers** ont un seul radical ; les verbes **irréguliers** en ont plusieurs.

2 Le chat **attend** immobile. Puis il **approche** lentement et **bondit** sur sa proie.
↓ attendre (3e groupe) — ↓ approcher (1er groupe) — ↓ bondir (il bondissait ; 2e groupe)

► L'**infinitif** est la forme non conjuguée du verbe. Les verbes se classent en trois groupes : **1er groupe** (infinitif en ***-er***) ; **2e groupe** (infinitif en ***-ir*** et imparfait en ***-issais***) ; **3e groupe** (tous les autres).

Je m'entraîne

1a Indique si le verbe utilisé dans chaque série est régulier ou irrégulier.

1. Je me réveille tôt. Je me réveillerai tôt. Je me réveillais tôt. ____________
2. Nous tenons à notre réputation. Nous tiendrons une assemblée. Nous tenions à ces objets. ____________
3. Je viens te voir. Je viendrai te voir. Je venais te voir. ____________
4. Vous m'écouterez. Vous m'écoutiez. Vous m'écoutez. ____________

1b Encadre le radical et souligne la terminaison de chaque verbe conjugué.

1. Vous sortirez le plus tôt possible. 2. Le chien avertit son maître. 3. Ils partiront de bon matin. 4. Nous nous retrouvions sur la place. 5. Vous franchissez la ligne. 6. Je lui donne un conseil.

2a Classe les verbes selon leur groupe : *dire – crier – écrire – fleurir – chercher – vendre – voir – bondir – livrer – devoir – mettre – laisser – goûter – rajeunir – raconter – rugir – venir – faire.*

1. 1er groupe : ____________
2. 2e groupe : ____________
3. 3e groupe : ____________

2b Souligne les verbes conjugués, écris leur infinitif et leur groupe.

1. J'arrive à l'école à huit heures vingt. (____________) 2. À huit heures trente, le directeur siffle. (____________) 3. Les élèves mettent leur cartable sur le dos (____________), prennent leur sac (____________) et se rangent. (____________) 4. Ils montent en classe. (____________) 5. Les élèves de service distribuent les cahiers (____________), remplissent le seau d'eau (____________) et écrivent la date au tableau. (____________)

Très bien ☐ Assez bien ☐ Pas assez bien ☐

25 La notion d'antériorité

Je découvre et je retiens

1 Hier **il pleuvait**, aujourd'hui **il fait beau**.

Il pleuvait → **Il fait beau**

► Un verbe au **passé** indique un fait qui a eu lieu **avant** un autre fait exprimé au **présent**.
Ce qui s'est déroulé dans le passé est **antérieur** à ce qui se déroule dans le présent.

2 Aujourd'hui **il fait beau**, demain **il y aura des orages**.

Il fait beau → Il y aura des orages

► Un fait au **présent** est **antérieur** à un fait qui aura lieu **plus tard**.

Je m'entraîne

1a Place les deux groupes sujet-verbe de la phrase sur l'axe du temps.

Ce mois-ci **il mange** chez sa grand-mère ;
le mois dernier, **il restait** à la cantine.

______ ______

1b Dans l'exercice 1a, le 1er verbe exprime-t-il un fait antérieur ou un fait postérieur au 2e verbe ?

______

1c Construis une phrase formée de deux verbes en utilisant *autrefois* et *de nos jours*.

→ ______

______

2a Place les deux groupes sujet-verbe de la phrase ci-dessous sur l'axe du temps.

En début d'après-midi, **il assiste** à un match
de tennis ; en fin de soirée **il fera** ses devoirs.

______ ______

2b Dans la phrase de l'exercice 2a, le 2e verbe exprime-t-il un fait antérieur ou un fait postérieur au 1er verbe ?

______

2c Construis une phrase composée de deux verbes en utilisant *actuellement* et *dans quelques années*.

→ ______

Très bien ☐ Assez bien ☐ Pas assez bien ☐

26 Les temps simples et les temps composés

Je découvre et je retiens

1 Un jour, en allant à un concert, Émilie **découvre** (découvrir) le piano. Alors, elle **demande** (demander) à ses parents si elle **peut** (pouvoir) apprendre à en jouer.

► Aux **temps simples**, le **verbe** est formé d'**un seul mot**.

1 Dès le lendemain, elle **est allée** (aller) s'inscrire dans un conservatoire de musique. Elle **a appris** (apprendre) le solfège et le piano.

► Aux **temps composés**, le **verbe** est formé de **deux mots**. C'est le deuxième mot qui permet de déterminer l'infinitif du verbe.

Je m'entraîne

Lis la lettre suivante, puis réponds aux questions posées ci-dessous.

Ma chère Maëlle,

Hier, mes parents m'ont proposé de m'emmener à un concert. Je ne connaissais pas le chanteur mais j'ai accepté, car je préférais cette sortie plutôt que de rester à la maison. D'une manière générale, je n'aime pas les chanteurs « vieillots » mais je dois avouer que j'ai été très agréablement surprise ! J'ai écouté avec beaucoup de plaisir ses nouvelles chansons. Mes parents ont préféré celles qu'il chantait du temps de leur jeunesse. À la fin du spectacle, une petite fille est allée lui porter un bouquet de roses.

Nous sommes rentrés à la maison et nous avons fait un petit repas bien sympathique…

Je t'embrasse et je te dis à bientôt.

Morgane

1 **Relève les verbes conjugués à un temps simple et écris leur infinitif.**

→ ____

____

2 **Relève les verbes conjugués à un temps composé et écris leur infinitif.**

→ ____

____

3 **Récris la phrase suivante au passé en utilisant d'abord un temps simple puis un temps composé.**

Aujourd'hui, je regarde un spectacle de variétés à la télévision.

Hier, ____

Hier, ____

Très bien ☐ **Assez bien** ☐ **Pas assez bien** ☐

27 Le présent de l'indicatif des verbes du 1er groupe

Je découvre et je retiens

1 J'aide papa les jours de congés.

▶ Pour écrire un verbe du 1er groupe au présent de l'indicatif, il faut ajouter à son radical les terminaisons : ***-e***, ***-es***, ***-e***, ***-ons***, ***-ez***, ***-ent***.

2 Nous arrangeons le toit de la maison.

▶ À la 1re personne du pluriel des verbes en ***-ger***, on met un **e** après la lettre ***g*** pour faire le son **« j »**.

3 Nous remplaçons les vieilles tuiles.

▶ À la 1re personne du pluriel des verbes en ***-cer***, le ***c*** du radical est remplacé par **ç** pour faire le son **« s »**.

Je m'entraîne

1a Écris les terminaisons des verbes au présent de l'indicatif.

1. Tu oubli______ . 2. Nous randonn______ ensemble. 3. Mes amis ne nous suiv______ pas. 4. Ils march______ trop lentement. 5. Vous arriv______ trop tard. 6. Elles s'arrêt______ au sommet.

1b Écris les verbes entre parenthèses au présent de l'indicatif.

1. L'enfant (jouer) ______ dans la rivière. 2. Il (saluer) ______ les passants. 3. Ses amis le (regarder) ______ du bord. 4. Ils (crier) ______ et ils (se préparer) ______ ______ à l'imiter. 5. Ils (poser) ______ leurs vêtements sur l'herbe et (sauter) ______ dans l'eau.

2 Écris les verbes au présent de l'indicatif.

1. Le moniteur (diriger) ______ le groupe. 2. Nous (ranger) ______ nos affaires dans les vestiaires. 3. Nous (nager) ______ le crawl puis la brasse. 4. Nous (plonger) ______ les uns après les autres. 5. À la fin de l'entraînement, nous (partager) ______ un gâteau.

3 Récris les phrases en remplaçant le sujet par *nous*.

1. L'organisateur annonce la prochaine course. → ______
2. J'avance timidement vers la ligne de départ. → ______
3. De peur, je grince des dents. → ______

4 Écris les verbes entre parenthèses au présent de l'indicatif.

1. Ce matin, je (participer) ______ à un concours de pêche. 2. Avec Tom, nous (se diriger) ______ vers la rivière. 3. À huit heures, le concours (débuter) ______.

Très bien ☐ **Assez bien** ☐ **Pas assez bien** ☐

28 Le présent de l'indicatif des verbes du 2e groupe

Je découvre et je retiens

1 Toute la famille **resplendit** de bonheur. Nos amis **resplendissent** de bonheur. → verbe ***resplendir***

► Pour conjuguer un verbe du 2e groupe au présent, il faut ajouter au radical les terminaisons du présent : ***-is***, ***-is***, ***-it***, ***-issons***, ***-issez***, ***-issent***.

2 Mon frère **crie** de joie. Mes sœurs **crient** de joie. → verbe ***crier*** (1er groupe)

► **Attention** : certains verbes du 1er groupe se terminent par le son **« i »** aux trois personnes du singulier comme les verbes du 2e groupe. Les terminaisons de ces verbes sont : ***-ie***, ***-ies***, ***-ie***.

Je m'entraîne

1a Conjugue les verbes à la personne demandée.

1. (bondir) Il ______________ hors de son lit.
2. (choisir) Tu ______________ tes vêtements.
3. (remplir) Je ______________ les bols.
4. (finir) Nous ______________ nos devoirs.
5. (gravir) Vous ______________ les escaliers.
6. (franchir) Ils ______________ la porte de la classe.

1b Écris les verbes au présent de l'indicatif.

1. Les coureurs se réunissaient près de la ligne de départ. 2. Ils bondissaient au coup de pistolet. 3. Le plus rapide franchissait en vainqueur la ligne d'arrivée. 4. Nous l'applaudissions.

→ ____

____

1c Écris les verbes entre parenthèses au présent de l'indicatif.

1. Comme les cours (finir) ______________ tôt, un groupe d'amis (choisir) ______________ de bâtir une cabane dans la forêt. 2. Le travail (s'accomplir) ______________ dans la bonne humeur. 3. Les plus adroits (saisir) ______________ des branches et (finir) ______________ la construction. 4. Le soleil (resplendir) ______________ dans le ciel et (éblouir) ______________ tout ce monde.

2 Indique l'infinitif et le groupe des verbes puis ajoute la terminaison qui convient.

1. Cette plante fleur__________ (______________) abondamment.
2. Cet arbre fruitier pli__________ (______________) sous le poids des fruits.
3. Elle photograph__________ (______________) les plus belles roses.
4. On nous envi__________ (______________) cet espace merveilleux.
5. Tu raccourci__________ (______________) les jeunes pousses du laurier.

Très bien ☐ Assez bien ☐ Pas assez bien ☐

29 Le présent de l'indicatif des verbes du 3e groupe (1)

Je découvre et je retiens

1 Je **lis** (**lire**) mon courrier, j'**écris** (**écrire**) à mes correspondants et je **tiens** (**tenir**) un journal de bord.

► Au présent, les verbes en ***-re*** et en ***-ir*** ont pour terminaisons : ***-s, -s, -t, -ons, -ez, -ent.***

2 Je **sors** (**sortir**) de la maison.

► Les verbes en ***-tir*** perdent le ***t*** de leur radical aux deux 1res personnes du singulier.

3 De loin, je ne les **vois** (**voir**) pas. Et vous, les **voyez**-vous ?

► Le verbe ***voir*** change de radical aux deux 1res personnes du pluriel (*nous voyons, vous voyez*).

4 Je ne **peux** (**pouvoir**) pas me rapprocher à cause de la foule.

► Les verbes ***pouvoir*** et ***vouloir*** se terminent par ***x*** à la 1re et à la 2e personne du singulier.

Je m'entraîne

1 Écris les verbes au présent de l'indicatif.

1. Tu (rire) ______________ de bon cœur. 2. Il (venir) ______________ de partir. 3. Les enfants (dormir) ______________. 4. J'(écrire) ______________ un poème. 5. Nous (courir) ______________ vite.

2 Écris les terminaisons qui conviennent.

1. Le lion sor____ ses griffes. 2. La lavande sen____ très fort. 3. Je par____ travailler. 4. Tu ressen____ beaucoup de plaisir. 5. Je ne men____ jamais. 6. Je sor____ ce soir.

3 Complète chaque phrase avec le verbe *voir* au présent.

1. Ils ______________ leurs amis. 2. Je ______________ la mer. 3. Nous ______________ les éoliennes. 4. Tu ______________ l'église. 5. Vous ______________ les nuages. 6. Il ______________ les montagnes.

4 Complète chaque phrase avec le verbe *pouvoir* au présent.

1. Vous ______________ venir après dix-sept heures. 2. Tu ______________ faire tes devoirs. 3. Je ______________ te parler ? 4. ______________-nous venir chez vous ? 5. Les travaux ______________ commencer.

5 Écris les verbes au présent de l'indicatif.

1. Le beau temps revenu, nous (prévoir) ______________ une escapade à la mer. 2. Je (pouvoir) ______________ dès aujourd'hui prévenir ma sœur de ce projet. 3. En été, nous nous (voir) ______________ très souvent. 4. Je (partir) ______________ toujours en vacances en juillet. 5. Je (pressentir) ______________ un week-end agréable.

Très bien ☐ Assez bien ☐ Pas assez bien ☐

CAHIER DU JOUR
CAHIER DU SOIR

Français CM1

LIVRET DÉTACHABLE

Corrigés

• Une fois les exercices terminés, l'enfant consultera les **corrigés**. Dans un premier temps, il faudra s'assurer qu'il a compris la **cause de son erreur** ; si ce n'est pas le cas votre aide lui sera précieuse.

• Ensuite, à la fin de chaque page, **l'enfant s'auto-évaluera** en répondant à la question **« As-tu réussi tes exercices ? »** et en cochant la case correspondant à ses résultats.

– Si la majorité des exercices est juste, l'enfant cochera la case « Très bien ».
– S'il a à peu près autant d'exercices justes que d'exercices faux, il indiquera « Assez bien ».
– S'il a plus d'exercices faux que d'exercices justes, il cochera la case « Pas assez bien ».

Grâce à cette petite rubrique, l'enfant apprendra à évaluer son travail et à progresser sans jamais se décourager. S'il a coché la case « Pas assez bien », rassurez-le en lui disant que l'essentiel n'est pas le résultat mais la compréhension des erreurs commises.

GRAMMAIRE

1. Construire des phrases

1 1. Ce chien sait nager. 2. Tu ne t'approches pas de cette cage. 3. Dans ce zoo, il y a des girafes.

2 1. Un énorme rapace plane-t-il au-dessus des nuages ? 2. Avez-vous pris de splendides photos ? 3. Les aigles sont-ils des animaux protégés ?

3 1. Approchez-vous lentement du nid. 2. Ne faites surtout pas de bruit ! 3. Ouvrez grand vos yeux et regardez.

2. La phrase négative

1a Je n'aime pas beaucoup le tennis, ce n'est pas mon sport préféré.

Je ne regarde jamais de rencontre sportive à la télévision.

Quand ma sœur me parle de ce sport, je ne veux rien entendre.

Dans notre famille, il n'y a personne qui pratique ce sport.

1b 1. L'arbitre n'a pas sifflé une faute. 2. Nous n'avons pas applaudi les deux équipes. 3. Ce n'est pas la meilleure équipe qui a gagné.

2a 1. La nature n'est pas belle cette année. 2. Il ne pleut plus aujourd'hui. 3. Je n'ai croisé personne. 4. Il n'a rien trouvé au pied d'un arbre. 5. Nous n'allons jamais ramasser des champignons.

2b 1. Non, je ne collectionne plus les timbres. 2. Non, je ne vais jamais voir d'expositions. 3. Je n'ai offert ma collection à personne. 4. Non, je n'ai rien à te donner.

3. Identifier le verbe

1 1. Hier, un cirque s'est installé… Dans les prochains jours, un cirque s'installera…

2. Au cours de leur prochain spectacle, les trapézistes voleront […] et accompliront…

Le mois dernier, les trapézistes volaient […] et accomplissaient…

2 1. Pendant que les musiciens jouent de la trompette, les dompteurs font sauter les tigres. 2. Les acrobates s'arrêtent, saluent le public puis effectuent un dernier saut périlleux.

3 1. arrive (arriver) ; 2. va (aller) ; 3. tient (tenir) et brillent (briller) ; 4. rêve (rêver) ; 5. adore (adorer) ; 6. espère (espérer) et seront (être).

4. Identifier le nom

1a 1. force ; 3. chemin ; buissons ; maison ; 4. souffle ; fenêtre ; 5. oreille ; bruits.

1b *Exemples de réponse :* 1. leçon ; 2. skieurs ; 3. piste ; 4. skieurs ; 5. pentes ; 6. vitesse.

2 1. Perpignan ; 2. Canigou ; Pyrénées ; 3. Perpignan ; le Castillet ; Salvador Dalí ; 4. Espagne ; Figueras ; 5. Andorre.

3 1. capitale ; 2. France ; 3. l'Élysée ; 4. monument ; 5. Paris ; 6. tour ; 7. Gustave Eiffel ; 8. hauteur ; 9. mètres.

5. Les articles

1a 1. masculin, singulier ; 2. féminin, singulier ; 3. féminin, pluriel ; masculin, singulier ; 4. féminin, pluriel ; 5. masculin, singulier.

Corrigés détachables

© Cahier du Jour/Cahier du Soir – Français CM1

1b 1. le 2. la 3. le 4. le 5. Les 6. Les 7. la 8. le 9. Les 10. La.

2 1. Des voitures ; des expositions. 2. Des visiteurs ; des curieux ; des acheteurs. 3. Une dame ; une belle décapotable. 4. Un vendeur. 5. un véhicule.

3 1. au 2. aux 3. des 4. du 5. du 6. du 7. du 8. aux.

6 Les déterminants possessifs et démonstratifs

1a 1. sa ; sa 2. Ses 3. Son ; ses 4. Son 5. Sa.

1b 1. mon ami 2. ses cahiers.

1c 1. C'est **leur** ordinateur. 2. C'est **notre** anniversaire.

2a 1. Ce 2. Cet 3. cette 4. Ces 5. Ce ; cette.

2b 1. cette règle 2. ce matin 3. cette console.

7. Les déterminants interrogatifs

1a 1. [Quelles] émissions (féminin, pluriel) 2. [Quel] acteur (masculin, singulier) 3. [Quelle] nation (féminin, singulier) 4. [Quels] athlètes (masculin, pluriel).

1b 1. Quels parfums… ? 2. Quel film… ? 3. Quelle robe… ? 4. Quelles chansons… ?

2a 1. Quelle est ta matière préférée ? 2. Quelles sont les deux plus grandes villes françaises ? 3. Quels sont les deux plus longs fleuves de notre pays ?

2b 1. Quelle est ta couleur préférée ? 2. Quelles étaient tes activités favorites les jours de congés ? 3. Quel est l'animal le plus rapide au monde ? 4. Quels sont les pays étrangers que tu aimerais visiter ?

8. Les pronoms personnels (1)

1 1. nous 2. Il 3. Nous 4. Ils 5. ils 6. Elle 7. Il 8. Elle 9. J' 10. Ils.

2 1. **Toi**, tu restes là ! 2. **Lui**, il joue dans sa chambre. 3. **Nous**, nous apprenons nos leçons. 4. **Eux**, ils écoutent de la musique. 5. **Vous**, vous ne faites rien.

3 1. Ils regagnent leur place. 2. Vous avez de bonnes notes. 3. Nous sortons ce soir. 4. Vous venez me voir. 5. Ils ne se parlent plus.

9. Les pronoms personnels (2)

1a 1. Mes sœurs se précipitent pour **la** lire. 2. Le maître **les** distribue. 3. Le directeur **la** surveille. 4. Papi et mamie **y** vont.

1b 1. un tournoi de ping-pong → Notre classe **l'**organise. 2. le règlement → Les filles **le** rédigent. 3. les rencontres → Les garçons **les** arbitreront.

1c 1. Oui, je **les** ai rangées. 2. Oui, nous **les** avons faites. 3. Oui, il **les** a envoyés. 4. Oui, ils **l'**ont éteinte.

2 1. Elle **les lui** lace. 2. Nous **la leur** préparons. 3. Je **leur en** lance. 4. Ils **le leur** donnent.

10. Les adverbes

1a lentement → avance ; 2. vraiment → fatigué ; 3. assez → souvent.

1b 1. vraiment 2. largement 3. régulièrement et toujours avec beaucoup de 4. cependant ; plutôt 5. bien ; plus 6. néanmoins.

2 1. de temps en temps 2. la plupart du temps 3. à l'improviste 4. d'arrache-pied 5. haut la main 6. de bon cœur.

3 1. franchement 2. dignement 3. soigneusement 4. mensuellement 5. patiemment.

11. Identifier le sujet (1)

1a 1. C'est le goal qui détourne le ballon en corner. 2. Ce sont ses équipiers qui l'applaudissent. 3. Ce sont les supporters qui poussent des cris de joie.

1b 1. Qu'est-ce qui annonce le printemps ? Le retour des hirondelles. 2. Qui est-ce qui embellissent les rives du canal ? Les jonquilles. 3. Qui est-ce qui construisent leur nid ? Le merle et la merlette.

2a 1. notre maître 2. Léa 3. elle 4. Le *Corail* 5. De nombreux employés 6. la mer Méditerranée 7. sa sœur 8. Lucie et son frère Mathis 9. Mathis 10. Les poules et les canards.

2b **Noms propres** : Léa ; Le *Corail*. **Groupes nominaux** : notre maître ; de nombreux employés ; la mer Méditerranée ; sa sœur ; Lucie et son frère Mathis ; les poules et les canards. **Pronoms personnels** : elle.

12. Identifier le sujet (2)

1a 1. C'est un avion qui passe au-dessus de nous. 2. Ce sont des parachutistes qui atterrissent dans le pré.

1b 1. Qui est-ce qui passe devant l'école ? Monsieur le maire. 2. Qui est-ce qui disent « Bonjour » en chœur ? Les enfants.

1c 1. les passants affolés 2. des badauds.

2a 1. Qui est-ce qui menace de démâter ? Le bateau à voile. 2. Qui est-ce qui s'activent sans relâche sur le pont ? Les matelots.

2b 1. De nombreux satellites 2. Certains 3. Les ingénieurs de Météo France 4. la base de la fusée européenne 5. tous les lancements de la fusée Ariane 6. Les techniciens.

13. Les compléments essentiels

1a 1. non 2. oui 3. oui 4. non 5. oui 6. oui 7. non.

1b 1. la salle de musculation de ma tante ; 2. plusieurs vélos d'appartement ; 3. ces appareils ; 4. de la musculation ; 5. une deuxième salle ; 6. des cours de gymnastique ; 7. les adhérents.

2a 1. Pour Noël, mon frère aura un ordinateur tout neuf. 2. Attentivement, les enfants écoutent le conteur. 3. Dans cette classe, les garçons sont nombreux.

2b 1. De bon matin ; dans la forêt ; 2. longtemps ; 4. Tout à coup ; au milieu d'un buisson ; 5. lentement ; 7. dans ses bras ; doucement ; à la maison ; le plus vite possible.

14. Les compléments circonstanciels de lieu et de temps

1a 1. Dans la forêt, Aubin ramasse des champignons. 2. À la jardinerie, nous achèterons les fleurs.

1b 1. Louanne plante des fleurs. 2. Son frère nettoie la piscine. 3. Avec leur papi, ils installeront le salon d'été. 4. Ils allumeront le barbecue. 5. Ils mettront les couverts.

2a 1. en Espagne (CCL) ; au début de l'année dernière (CCT) 2. La même année (CCT) ; en France (CCL) ; dans de nombreuses salles (CCL) 3. Chaque matin (CCT) ; avant le tournage (CCT) 4. dans leur loge (CCL).

© Cahier du Jour / Cahier du Soir – Français CM1

2b *Exemples de réponses :* 1. en hiver 2. Sur les fils électriques 3. au début du printemps 4. sur cette plate-bande 5. Du haut de cet arbre ; toute la journée.

15. Le complément d'objet direct

1a 1. L'avion à réaction passe **quoi** ? Le mur du son. 2. Marc scrute **quoi** ? L'horizon. 3. Il aperçoit **quoi** ? Une fumée multicolore.

1b 1. J'ai lu un roman policier. 2. Il décrit une aventure extraordinaire. 3. Cet élève a écrit une belle histoire. 4. Les contes de Perrault charment les jeunes enfants.

1c 1. Ce peintre a beaucoup de talent. 4. Ce portrait me rappelle un personnage célèbre.

2a 1. Younès (nom propre) 2. l' (pronom personnel) 3. un dessin (groupe nominal) 4. une bande dessinée (groupe nominal) 5. sa place (groupe nominal).

2b *Exemples de réponses :* 1. les animaux sauvages 2. la nourriture 3. (impossible) 4. les bruits 5. la forêt 6. les étoiles ; les cris des animaux sauvages.

16. Le complément d'objet indirect

1a 1. à nos amis 2. de notre rencontre 3. de son chien 4. à sa leçon de piano.

1b 1. **de** cette histoire 2. **avec** ton frère 3. **par** les gendarmes 4. **sur** vous 5. **pour** les autres 6. **sur** le système solaire 7. **aux** pigeons.

2 1. de ses amis belges (groupe nominal) 2. à eux (pronom personnel) 3. de son prochain voyage (groupe nominal) 4. y (pronom personnel).

3 1. un concours de dessin (COD) 2. à tous les élèves de l'école (COI) 3. le mauvais temps (COD) 4. des passagers (COI) 5. son nouveau livre (COD) 6. à toutes vos questions (COI) 7. de ces problèmes (COI) 8. la solution (COD).

17. Le complément d'objet second

1a 1. C'est à maman que j'ai offert des fleurs. 2. C'est de sa voisine que Guillaume reçoit un cadeau. 3. C'est aux canards que les visiteurs donnent du pain.

1b 1. à ses élèves. 2. à ses clients. 3. à leur destinataire. 4. aux téléspectateurs.

2a 1. Je dois **lui** remettre cette lettre. 2. Il **leur** offre des fleurs. 3. Hugo **lui** écrit une lettre. 4. Maëlle **lui** donne un bonbon.

2b *Exemples de réponses :* 1. Prête ton livre de lecture à ton voisin. 2. Donne de bons conseils à ton frère et à ta sœur. 3. Envoie un message à ma cousine et à moi. 4. Achète ce CD pour moi.

18. Le groupe nominal

1a 1. un train 2. la voiture 3. le code 4. le camion 5. une collection 6. des véhicules.

1b 1. forêt 2. pêcheurs 3. eaux 4. vol 5. sommet 6. routes.

1c 1. Le [canot] de sauvetage affronte une [mer] déchaînée. 2. Le [pilote] du navire a lancé un [appel] de détresse. 3. Un [vent] violent secoue l'[embarcation] aux voiles multicolores. 4. Les gros [voiliers] qui croisent au large secourent les petits [bateaux]. 5. La [vigilance] de tous évite de nombreux [naufrages].

2 *Exemples de réponses :*

Un dessin : un beau dessin (**adjectif qualificatif**) ; un dessin d'enfant (**groupe nominal**) ; un dessin qui m'inspire (**proposition**).

Un jeu : un jeu astucieux (**adjectif qualificatif**) ; un jeu de société (**groupe nominal**) ; un jeu qui instruit (**proposition**).

19. Le complément du nom

1a 1. un satellite de la Terre 2. l'étoile du Berger.

4. la planète des Singes 6. une éclipse du Soleil.

1b *Exemples de réponses :* 1. un groupe **d'amis** ; 2. une compagnie **de théâtre** ; 3. une horde **de sangliers** ; 4. une nichée **de lapins**.

1c 1. l'heure [de partir] 2. tes affaires [de piscine] ; la salle [de bains] 3. ton sac [de sport] ; le coffre [de la voiture] 4. le temps [d'attendre] ; le cours [de natation] 5. au restaurant [de la gare] 6. au cinéma [du centre-ville] ; un film [de science-fiction].

2 1. de la nuit (groupe nominal) ; d'une colline (groupe nominal) 2. d'une forêt de conifères (groupe nominal) ; en bois (groupe nominal) 3. de triomphe (groupe nominal) ; de son enfance (groupe nominal) 4. de joie (groupe nominal) 5. de ses vacances à la campagne (groupe nominal) 6. de rêver (verbe à l'infinitif).

20. L'adjectif qualificatif épithète

1a 1. Des planètes [lointaines] 2. Une étoile [filante] 3. Le coucher de soleil 4. Une nuit [étoilée] 5. Une éclipse de lune 6. Un temps [hivernal].

1b 1. Un temps estival 2. La vie terrestre 3. Un phénomène naturel 4. Une éclipse solaire.

1c 1. carnivores (animaux) 2. petite (taille) 3. léger (corps) ; vertigineux (sauts) 4. vive, rapide (fouine).

1d *Exemples de réponses :* 1. froid et pluvieux ; nombreux 2. rapide ; glissante 3. enthousiastes ; malchanceux 4. gros ; grande et belle.

2 1. petit ; longue ; haute 2. caillouteux ; merveilleux, unique 3. premier ; énormes ; blanche ; jaunie 4. gros ; multicolores.

21. L'attribut du sujet

1a 1. Est 2. est 3. paraît 4. devient.

1b 1. invraisemblable 2. courageux 3. aimable 4. une réussite 5. peureux.

1c 1. impressionnant 3. l'ami de mes parents 5. immobile 6. endormi.

2a 1. un grand prédateur (groupe nominal) 2. calme (adjectif) 3. un animal très rare (groupe nominal).

2b *Exemples de réponses :* 1. Toute la journée, le lion **paraît immobile**. 2. Dans ce cirque, le dompteur **a l'air génial**. 3. Avant d'entrer en scène, la danseuse **est concentrée**. 4. Tout au long du spectacle, les spectateurs **restent silencieux**.

Corrigés détachables

© Cahier du Jour/Cahier du Soir – Français CM1

22. La proposition relative

1a 1. J'ai aimé le livre. 2. L'homme connaît bien sa ville. 3. N'oublie pas d'apporter les jouets. 4. Les élèves réussissent.

1b *Exemples de réponses :* 1. qui souffle. 2. qui se déchaîne. 3. que j'aime. 4. que nous attendions. 5. que je préfère.

2 1. Tu portes un chandail **qui** me plaît. 2. Vous avez acheté une calculatrice **qui** vous sera très utile. 3. Théo murmure une phrase **que** je ne comprends pas.

23. L'adjectif, le complément du nom, la proposition relative

1a 1. Le train de la région 2. L'hymne de la nation 3. Le drapeau de la France 4. Une ville d'Europe.

1b 1. Une attitude enfantine 2. Une idée géniale 3. Un geste fou 4. Une minute silencieuse.

2a 1. Un être qui est cher 2. Un personnage que l'on connaît (ou qui est connu).

2b 1. L'équipe **gagnante** fait un tour d'honneur. 2. Les élèves **retardataires** seront punis.

3

Adjectif qualificatif	Complément du nom	Proposition relative
Une plante **alpine**	Une plante des Alpes	Une plante **qui pousse dans les Alpes**
Une température estivale	Une température **d'été**	Une température **que l'on a en été**
Le globe **terrestre**	Le globe **de la Terre**	Le globe qui représente la Terre

CONJUGAISON

24. Le verbe

1a 1. régulier ; 2. irrégulier ; 3. irrégulier ; 4. régulier.

1b 1. **sort**irez 2. **avert**it 3. **partir**ont 4. **retrouv**ions 5. **franch**issez 6. **donn**e.

2a 1. crier, chercher, livrer, laisser, goûter, raconter 2. fleurir, bondir, rajeunir, rugir 3. dire, écrire, vendre, voir, devoir, mettre, venir, faire.

2b 1. arrive (arriver, 1er groupe) 2. siffle (siffler, 1er groupe) 3. mettent (mettre, 3e groupe) ; prennent (prendre, 3e groupe) ; se rangent (se ranger, 1er groupe) 4. montent (monter, 1er groupe) 5. distribuent (distribuer, 1er groupe) ; remplissent (remplir, 2e groupe) ; écrivent (écrire, 3e groupe).

25. La notion d'antériorité

1a
il restait → il mange

1b Le 1er verbe exprime un fait **postérieur** au 2e verbe.

1c *Exemple de réponse :* Autrefois, les gens se déplaçaient en diligence ; de nos jours, ils utilisent la voiture.

2a
Il assiste → il fera

2b Le 2e verbe exprime un fait **postérieur** au 1er verbe.

2c *Exemple de réponse :* Actuellement, les voitures polluent la planète ; dans quelques années, elles seront électriques.

26. Les temps simples et les temps composés

1 connaissais (connaître) ; préférais (préférer) ; aime (aimer) ; dois (devoir) ; chantait (chanter) ; embrasse (embrasser) ; dis (dire).

2 ont proposé (proposer) ; ai accepté (accepter) ; ai été (être) ; ai écouté (écouter) ; ont préféré (préférer) ; est allée (aller) ; sommes rentrés (rentrer) ; avons fait (faire).

3 1. Hier, je regardais... 2. Hier, j'ai regardé...

27. Le présent de l'indicatif des verbes du 1er groupe

1a 1. oubli**es** 2. randonn**ons** 3. suiv**ent** 4. march**ent** 5. arriv**ez** 6. s'arrêt**ent**.

1b 1. joue 2. salue 3. regardent 4. crient ; se préparent 5. posent ; sautent.

2 1. dirige 2. rangeons 3. nageons 4. plongeons 5. partageons.

3 1. **Nous annonçons** la prochaine course. 2. **Nous avançons** timidement vers la ligne de départ. 3. De peur, **nous grinçons** des dents.

4 1. Ce matin, je **participe** à un concours de pêche. 2. Avec Tom, nous nous **dirigeons** vers la rivière. 3. À 8 heures, le concours **débute**.

28. Le présent de l'indicatif des verbes du 2e groupe

1a 1. bondit 2. choisis 3. remplis 4. finissons 5. gravissez 6. franchissent.

1b 1. se réunissent 2. bondissent 3. franchit 4. applaudissons.

1c 1. finissent ; choisit 2. s'accomplit 3. saisissent ; finissent 4. resplendit ; éblouit.

2 1. fleurit (fleurir, 2e groupe) 2. plie (plier, 1er groupe) 3. photographie (photographier, 1er groupe) 4. envie (envier, 1er groupe) 5. raccourcis (raccourcir, 2e groupe).

29. Le présent de l'indicatif des verbes du 3e groupe (1)

1 1. ris 2. vient 3. dorment 4. écris 5. courons.

2 1. sor**t** 2. sen**t** 3. par**s** 4. ressen**s** 5. men**s** 6. sor**s**.

3 1. voient 2. vois 3. voyons 4. vois 5. voyez 6. voit.

4 1. pouvez 2. peux 3. peux 4. Pouvons 5. peuvent.

5 1. prévoyons 2. peux 3. voyons 4. pars 5. pressens.

Corrigés détachables

© Cahier du Jour/Cahier du Soir – Français CM1

30. Le présent de l'indicatif des verbes du 3e groupe (2)

1 1. paraissez 2. paraît 3. parais 4. paraissent.

2 1. mets 2. combattons 3. abattent 4. admet.

3 1. surprend 2. répond 3. prends 4. perd 5. comprend ; répond 6. descends.

4 1. rejoignons 2. éteignons 3. se plaignent 4. crains 5. atteignons.

31. L'imparfait de l'indicatif (1)

1 1. restais ; observais 2. jouaient 3. remuait ; rajoutait.

2 1. Ils longeaient la rivière. 2. Ils logeaient dans un gîte rural. 3. Ils déménageaient souvent.

3 1. Le jour commençait... 2. Les nuages et le vent annonçaient... 3. Nous commencions...

4 1. annonçait 2. rangions 3. avancions 4. commençait 5. agacions 6. changeait 7. élevait.

32. L'imparfait de l'indicatif (2)

1 1. remplissions 2. embellissais 3. envahissaient 4. ratissais 5. bondissait 6. ravissiez.

2a 1. tu attendais 2 vous débattiez 3. ils voulaient 4. il venait 5. nous promettions 6. ils mentaient.

2b 1. devais ; répondait 2. fendait ; tondais.

3 1. voyais 2. prenait 3. ouvrait ; lisait 4. apprenait 5. instruisait 6. écrivions ; décrivions.

33. Le futur simple de l'indicatif (1)

1a 1. défilerez 2. oublieras 3. remercieront 4. commencerez 5. arrangerons 6. retournerai 7. plierez 8. distribuera.

1b 1. aboiera 2. essaierez 3. balaierai 4. essuieront 5. essaierons 6. t'ennuieras.

2 1. choisiront 2. noirciras 3. rougirons 4. saisira 5. applaudira.

3 1. ne travailleront pas ; se reposeront 2. coupera ; fleurira 3. pétrira ; fabriquera.

34. Le futur simple de l'indicatif (2)

1 1. vous ressortirez 2. je dormirai 3. tu partiras 4. ils mentiront 5. nous sentirons 6. il ouvrira.

2 Je vivrai à la campagne ; le matin j'entendrai le coq chanter ; la vie me sourira.

3 1. tiendrai 2. viendrons 3. obtiendrai 4. conviendrons 5. redeviendrons.

4 1. verront 2. Pourras 3. verrez 4. pourra 5. verrai 6. pourrons.

35. Le passé simple (1)

1a 1. restai 2. arriva 3. transporta 4. donnèrent 5. décidèrent 6. sautèrent ; montèrent.

1b 1. prépara 2. montâmes 3. roula 4. emprunta 5. s'arrêta.

2 1. Il emménagea dans sa nouvelle maison. 2. Il arrangea sa chambre. 3. Une fois terminé, il mangea avec appétit.

3 1. Ils avancèrent... 2. Il perça... 3. Je traçai...

4 1. montra ; osa. 2. s'élança.

36. Le passé simple (2)

1 1. bondirent 2. assourdit 3. rougirent 4. finirent.

2a 1. Il aperçut mon frère ; il le reconnut. 2. Il crut qu'il s'était trompé ; il voulut vérifier.

2b 1. prit 2. se mirent 3. sentîmes 4. couvrirent.

3 1. obtins 2. devint 3. parvinrent 4. retins.

4 1. se tint ; bondit ; put 2. finit 3. aperçut ; saisit.

37. Le passé composé avec l'auxiliaire *avoir*

1 1. ont 2. a 3. avez 4. a 5. avons 6. ai.

2a 1. a perdu 2. m'a dit 3. avez-vous appelé 4. ai visité 5. as eu.

2b 1. Elles ont toujours refusé de me croire. 2. Vous avez eu une minute pour nous décider. 3. Ils ont trouvé la bonne réponse. 4. Les avions ont atterri à Orly. 5. Nous n'avons pas envie de te croire. 6. Que lui avez-vous répondu ?

2c Hier, Léa a quitté l'école à seize heures. Elle a goûté, puis elle a gagné son bureau où elle a fait ses devoirs. Ensuite, elle a appris ses leçons. Sa maman lui a demandé : « Léa as-tu fait ton travail ? » Léa lui a répondu : « Oui maman, j'ai terminé. »

38. Le passé composé avec l'auxiliaire *être*

1 1. est 2. êtes 3. est 4. sommes 5. suis 6. es.

2a 1. passés 2. sorti 3. revenus 4. nées.

2b 1. Vous vous êtes perdu(e)s... 2. Les conducteurs sont descendus... 3. Son ami est venu... 4. Je suis reparti(e)... 5. Tu es invitée... 6. Nous sommes allés...

3 Ma sœur s'est installée devant la télévision. Elle s'est endormie rapidement. Maman s'est assise à côté d'elle. À la fin du film, ma sœur s'est réveillée. Elle et maman sont montées se coucher.

39. L'impératif présent (1)

1 1. Arrête-toi de parler. 2. Terminons notre travail avant de sortir. 3. Raconte ton histoire. 4. Rangez cette fiche dans votre classeur.

2 1. Finissez vos devoirs. 2. Vous deux, franchissez cette rivière. 3. Noé, ne démolis pas notre mur. 4. Réfléchis avant d'écrire ta lettre.

3 1. Aie un peu de patience ; Ayons un peu de patience ; Ayez un peu de patience. 2. Sois en avance ; Soyons en avance ; Soyez en avance.

4 1. Ayez 2. soyez 3. Choisis 4. Saisissez 5. Sois 6. Fleurissez 7. Étudie 8. partage 9. attachez 10. Arrête.

40. L'impératif présent (2)

1 1. Mets tes skis. 2. Prenons le télésiège. 3. Descendez prudemment. 4. Fais de larges virages. 5. Rejoignez-moi au bas des pistes. 6. Inscris ton nom sur le forfait.

© Cahier du Jour/Cahier du Soir – Français CM1

2 1. Ouvre les ciseaux, cueille une rose et offre-la à ta maman. 2. Ouvrons les ciseaux, cueillons une rose et offrons-la à notre maman. 3. Ouvrez les ciseaux, cueillez une rose et offrez-la à votre maman.

3 1. Prends tes affaires et sors. 2. Ouvre ton livre et lis. 3. Prends la laisse et tiens le chien.

4 1. Faites de gros efforts. 2. Recevons nos correspondants. 3. Ne crains pas de perdre.

ORTHOGRAPHE

41. L'accord de l'adjectif et du participe passé

1a 1. longues 2. nombreuse 3. attentive et sérieuse.

1b 1. Il a les cheveux raides et drus. 2. Il porte une jolie petite moustache noire. 3. Ses yeux noirs brillent comme d'énormes diamants. 4. Ses mains sont grandes et potelées. 5. Ses traits sont fins, mais très nets.

1c 1. chaudes ; jaunie ; petits ; luisants. 2. stridents ; noirs.

2a 1. cassé 2. affamés 3. Fatiguées 4. poussés.

2b 1. bariolée ; rayées ; fourrées 2. bouclée 3. gelée ; crispées 4. enchanté 5. Affolée.

42. Les chaînes d'accord dans le groupe nominal

1 1. des villes touristiques 2. des paysages désertiques 3. les rues piétonnes.

2 nombreuses ; françaises ; larges et longues ; fin ; hautes ; escarpées ; multiples ; marins ; immenses ; diverses ; oisifs ; sablonneuses ; grandes ; multicolores ; abruptes ; nombreux ; petits ; originaux.

3 1. De grandes cascades scintillantes alimentent de petits lacs limpides. 2. D'étroits chemins escarpés descendent vers les vastes plages ensoleillées. 3. De jeunes animaux farouches bondissent sur les hauts rochers dentelés.

43. La dernière lettre des participes passés

1a 1. dansé 2. cru 3. sali 4. parti 5. voulu 6. mordu.

1b 1. sorti 2. disputé 3. soutenu 4. effectué 5. attendu 6. signé.

2a 1. pris 2. produit 3. écrit 4. mis 5. fait 6. appris.

2b 1. Un meuble construit. 2. Un problème compris.

3 1. entré(e) 2. arrivé 3. cru 4. retenu ; ouvert 5. apparu, arrêté.

44. L'infinitif en *-er* ou le participe passé en *-é*

1 *Exemples de réponses :* 1. déménager (partir) ; 2. habiter (aller) ; 3. l'annoncer (l'apprendre).

2 *Exemples de réponses :* 1. situé (construit) ; 2. Allongé (étendu) ; 3. agenouillé (assis) ; 4. amarré (parvenu).

3 1. changé 2. changer 3. changé 4. changer 5. changer.

4 1. aimé 2. étudier 3. passé 4. Intéressée ; écouté 5. assimiler 6. attirée ; passer.

45. Le féminin des noms

1 1. amie ; 2. inconnue ; 3. mariée ; 4. gamine ; 5. présidente ; 6. employée.

2 1. L'aviatrice ; 2. La lionne ; 3. Cette bonne citoyenne ; 4. Les parieuses.

3 1. Une poule ; 2. Une vache ; 3. Une tigresse ; 4. La cane ; 5. La chèvre ; 6. La biche ; 7. Une brebis ; 8. Une guenon ; 9. L'ânesse.

4 1. ma tante ; 2. Ma voisine ; 3. de trotteuses ; 4. Les habituées ; 5. La championne.

46. Le pluriel des noms

1a 1. Des erreurs ; 2. Des amis ; 3. Des poupées ; 4. Des ballons ; 5. Des années ; 6. Des jouets.

1b 1. têtes ; pelouse 2. joueurs ; terrain 3. arbitres 4. spectateurs 5. silence 6. équipes ; officiels 7. hymnes ; fanfare 8. personnalités ; place.

2 1. perdrix ; 2. souris ; 3. repas ; 4. gaz.

3 1. mamans 2. cailloux ; trous 3. bisous 4. sous ; bijoux 5. hiboux 6. verrous.

47. Le pluriel des noms en *-eu, -eau, -au* et *-ail*

1a 1. Des radeaux ; 2. Des feux ; 3. Des tuyaux ; 4. Des agneaux ; 5. Des préaux ; 6. Des eaux.

1b 1. neveux 2. canaux ; bateaux 3. tourtereaux ; jumeaux 4. cheveux 5. landaus ; pneus 6. jumeaux ; cadeaux 7. gâteaux 8. jeux.

2a 1. Des chandails ; 2. Des travaux ; 3. Des rails ; 4. Des coraux ; 5. Des détails ; 6. des éventails.

2b 1. travaux 2. portails 3. soupiraux ; vitraux 4. émaux 5. épouvantails ; chandails.

48. Les verbes en *-cer, -ger, -guer*

1 1. déplaçaient ; 2. avance ; 3. annoncions ; 4. remplaçons ; 5. reçu ; 6. espacèrent.

2 1. voltigeait ; 2. échangions ; 3. vous voyagiez ; 4. vendanger ; 5. déchargeons ; 6. rougit.

3 1. élaguais ; élaguions 2. larguaient ; larguiez.

4 1. navigue ; 2. trace ; 3. se dirige ; 4. aperçoit ; 5. nagent ; 6. plongent.

5 1. naviguait ; 2. traçait ; 3. se dirigeait ; 4. apercevait ; 5. nageaient ; 6. plongeaient.

49. L'accord sujet/verbe (1)

1a 1. jouent ; 2. joue ; 3. jouent ; 4. joue ; 5. joue ; 6. jouons.

1b 1. Les enfants regardent ; Ils se passionnent ; 2. Mon frère déjeune ; 3. Quelques passants se promènent ; 4. Des oiseaux piaillent.

2 1. Un équipage de six chevaux tourne ; 2. Les numéros de dressage attirent ; 3. Les acrobaties du trapéziste impressionnent ; 4. Le dresseur de tigres entre ; 5. Un trio de jongleurs présente ; 6. Le plus jeune d'entre eux semble.

© Cahier du Jour/Cahier du Soir – Français CM1

50. L'accord sujet/verbe (2)

1a 1. Un chat se cache derrière les volets. 2. Des roseaux poussent au bord de l'étang.

1b 1. vivent ; 2. s'installent ; 3. passent.

2a 1. Les pêcheurs ; 2. Les arbres fruitiers.

2b 1. tu la donnes ; 2. je te l'offre ; 3. il me les envoie.

3 1. attend → Le chien 2. fait → il ; s'approche → un passant 3. Aboie → il ; Mord → il 4. revient → le maître ; remue → le chien.

51. L'accord sujet/verbe (3)

1a 1. Kénan et Ambre adorent... 2. Une girafe, une autruche et une antilope vivent... 3. Dans une grande volière, un condor, un vautour et un aigle font... 4. Le phoque et l'otarie disposent... 5. Un lion et une lionne se prélassent...

1b 1. Mon voisin et moi **collectionnons**... 2. Mathis et sa sœur **écrivent**... 3. Mon frère et toi **arrivez**...

2a 1. Éthan fait 2. Il tremble ; hésite ; s'élance 3. Il glisse ; croise ; chute 4. Ses copains observent ; soutiennent 5. Ils conseillent ; encouragent.

2b Ces joueurs dribblent, feintent et tirent au but.

52. Les accords dans la phrase

1 1. Le beau bateau aux voiles multicolores quitte le port et se dirige vers le large. 2. Des marins agiles et décidés grimpent aux cordes et hissent les voiles.

2 1. Les mouettes hardies et criardes interpellent les courageux marins. 2. Secouées par les fortes rafales d'une bise glaciale, les voiles mal attachées claquent.

3 1. **Irrités** par le bruit, **mes voisins** se **mettent** en colère et **réprimandent** le gêneur. 2. **Les derniers skieurs attentifs et impatients s'apprêtent** à s'élancer.

4 1. **Ce garçon** se croit plus intelligent parce qu'il est plus grand. 2. **Ce gros nuage noir** n'annonce pas du beau temps.

53. *Et/est – ou/où*

1a 1. est (était) ; et (et puis) 2. est (était) ; et (et puis) 3. est (était) 4. est (était) ; et (et puis).

1b 1. est ; et 2. est ; et 3. est ; et 4. est 5. est 6. et 7. est ; et.

2a 1. où (~~ou bien~~) 2. ou (ou bien) 3. D'où (~~ou bien~~) ; s'il pleut ou (ou bien) s'il neige.

2b 1. Où ; ou 2. ou 3. Où 4. ou 5. où 6. ou ; ou 7. où ; ou 8. ou ; où.

54. *On/ont/on n' – son/sont*

1a 1. On (Il) 2. ont (avaient) 3. ont (avaient) 4. On (Il).

1b 1. On 2. On ; ont 3. on n' 4. on ; ont 5. On n' ; ont.

2a 1. sont (étaient) 2. son (mon) 3. son (mon) ; sont (étaient) 4. sont (étaient) ; son (mon).

2b 1. son 2. son 3. sont 4. sont 5. sont 6. sont ; sont 7. Son 8. Son ; son 9. sont 10. sont.

55. *Ce/se/s' – c'est/s'est*

1a 1. se (verbe) 2. Ce (nom) 3. ce (nom) 4. se (verbe).

1b 1. Ce ; se 2. se 3. se ; ce.

1c 1. Ce ; s' ; ce 2. se 3. s' ; ce ; se 4. se 5. Ce ; se.

2a 1. Mon petit frère **s'est absenté**...
2. Maman ne **s'est** pas **aperçue**...

2b 1. C'est ; s'est 2. s'est ; s'est 3. s'est 4. s'est 5. C'est 6. C'est.

56. *Mes/mais/mets/met*

1a 1. Mes (Tes) 2. mais (cependant) 3. Mes (Tes) 4. mais (cependant).

1b 1. Mes ; mais 2. Mes ; mais 3. Mes ; mais 4. Mes ; mais.

2 1. met 2. Mets 3. mets 4. met ; mets.

3 1. Mes ; mais 2. mes 3. mais 4. mais 5. Mets 6. met 7. met 8. met ; mais.

57. *La/l'a/l'as/là*

1 1. article 2. pronom personnel 3. pronom personnel 4. pronom personnel 5. article 6. adverbe.

2 1. Mon ami a repéré un bel oiseau et **l'a** photographié. 2. Un perdreau s'est envolé, il **l'a** regardé s'éloigner.

3

	Est devant un nom	Peut se mettre à l'imparfait	Remplace un nom	Peut être remplacé par ici
1. **La** nature s'est réveillée.	×			
2. Une tulipe a fleuri **là** près du portail.				×
3. Le soleil **l'a** réchauffée.		×		
4. Tu **l'as** photographiée.		×		
5. Mais ne **la** coupe pas.			×	

58. Les préfixes *in-, im-, il-, ir-*

1 **in**actif ; **in**nommable ; **in**capable ; **in**efficace.

2 **im**buvable ; **im**moral ; **im**praticable ; **im**périssable.

3 **il**logique ; **il**légal ; **il**lisible ; **il**lettré.

4 **ir**responsable ; **ir**régulier ; **ir**réel ; **ir**respectueux.

5 1. Ce projet est **irréalisable**. 2. Ta demande est **illégitime**. 3. Sa victoire était **imprévue**. 4. Ce dessert périmé est **immangeable**. 5. Votre téléviseur est **irréparable**. 6. Ton attitude est **inacceptable**.

Corrigés détachables

© Cahier du Jour/Cahier du Soir – Français CM1

59. Le suffixe *-tion*

❶ 1. exposition ; 2. hésitation ; 3. respiration ; 4. estimation ; 5. animation ; 6. recommandation ; 7. apparition ; 8. protection ; 9. éducation ; 10. réaction ; 11. production ; 12. résolution ; 13. élection ; 14. réduction.

❷ 1. passion ; 2. discussion ; 3. progression ; 4. cession ; 5. transmission ; 6. omission ; 7. succession ; 8. régression.

❸ 1. retransmission ; pollution 2. pression ; préservation 3. discussions 4. commissions ; situation 5. adoption ; résolutions ; pollution ; construction 6. préoccupation 7. professions.

60. Les mots en *-ail, -eil, -euil*

❶ 1. soleil 2. chevreuil 3. gouvernail 4. épouvantail 5. portail 6. fauteuil 7. portefeuille.

❷ 1. volailles 2. oseille 3. abeilles 4. écailles 5. mailles 6. corneille.

❸ 1. cueille ; écaille 2. m'éveille ; surveille 3. travaille ; taille.

❹ 1. rails ; paille 2. veillent 3. appareil 4. conseil 5. détail 6. soleil 7. bataille 8. médaille.

© Cahier du Jour / Cahier du Soir – Français CM1

30 Le présent de l'indicatif des verbes du 3e groupe (2)

Je découvre et je retiens

1 Tu **connais** (connaître) le règlement.

► Les verbes en ***-aître*** se conjuguent comme **connaître** : ***-ais***, ***-ais***, ***-aît***, ***-ssons***, ***-ssez***, ***-ssent***.

2 Tu **mets** (mettre) ta tenue de sport.

► Les verbes en ***-ttre*** se conjuguent comme ***mettre*** : ils perdent un ***t*** de leur radical aux personnes du singulier (*je **mets**, tu **mets**, il **met**, nous mett**ons**, vous mett**ez**, ils mett**ent***).

3 Tu **attends** (attendre) mon signal.

► Les verbes en ***-dre*** se conjuguent comme ***attendre*** (*j'atten**ds**, tu atten**ds**, il atten**d**…*).

4 Tu **rejoins** (rejoindre) tes camarades sur le tapis.

► Les verbes en ***-aindre***, ***-eindre*** et ***-oindre*** se conjuguent comme ***joindre*** (*je jo**ins**, tu jo**ins**, il jo**int**, nous joign**ons**, vous joign**ez**, ils joign**ent***).

Je m'entraîne

1 Complète chaque phrase avec le verbe *paraître* au présent.

1. Vous .... étonnés de nous voir. 2. Cette maison .... grande. 3. Tu .... plus jeune que ton âge. 4. Ces livres .... intéressants.

2 Écris les verbes entre parenthèses au présent.

1. Je (mettre) .... ma veste. 2. Nous (combattre) .... l'injustice. 3. Les bûcherons (abattre) .... les arbres. 4. Nicolas (admettre) .... ses erreurs.

3 Écris les verbes au présent de l'indicatif.

1. Je suis au milieu du lac lorsque l'orage me (surprendre) .... 2. Le tonnerre (répondre) .... aux éclairs dans un ballet impressionnant. 3. Je (prendre) .... peur. 4. La barque (perdre) .... rapidement de la vitesse. Sur la berge, j'aperçois mon oncle. 5. Il (comprendre) .... mon désarroi et (répondre) .... très vite à ma demande. 6. De retour sur la rive, je (descendre) .... de la barque les jambes tremblantes.

4 Écris les verbes au présent de l'indicatif.

1. Nous (rejoindre) .... nos amis dans leur chalet à la montagne. 2. Arrivés près de la maison, nous (éteindre) .... les phares de la voiture pour créer la surprise. 3. Nos amis (se plaindre) .... de la chaleur. Le lendemain, nous organisons une randonnée. 4. Je mets un grand chapeau car je (craindre) .... le soleil. 5. Nous (atteindre) .... le sommet, très fatigués.

As-tu réussi tes exercices ?

Très bien ☐ Assez bien ☐ Pas assez bien ☐

31 L'imparfait de l'indicatif (1)

Je découvre et je retiens

1 Le chien s'approch**ait** de sa gamelle.

► Pour écrire un verbe du **1er groupe** à l'imparfait de l'indicatif, il faut ajouter à son **radical** les **terminaisons** : ***-ais***, ***-ais***, ***-ait***, ***-ions***, ***-iez***, ***-aient***.

2 Il mang**eait** goulûment.

► Aux trois personnes du singulier et à la 3e personne du pluriel, les verbes en ***-ger*** prennent un **e** après la lettre ***g*** pour faire le son **« j »**.

3 Il balan**çait** la queue de contentement.

► Les verbes en ***-cer*** prennent une **cédille (ç)** sous le ***c*** devant la lettre ***a*** pour faire le son **« s »**.

Je m'entraîne

1 Écris les verbes entre parenthèses à l'imparfait de l'indicatif.

1. Je (rester) __________ près du feu et j'(observer) __________ le mouvement des flammes. 2. Mes sœurs (jouer) __________ à mes pieds. 3. De temps en temps, maman (remuer) __________ les braises et (rajouter) __________ du bois dans le foyer.

2 Récris les phrases en mettant le sujet à la 3e personne du pluriel.

1. Nous longions la rivière. → __________
2. Vous logiez dans un gîte rural. → __________
3. Nous déménagions souvent. → __________

3 Récris les phrases en mettant les verbes à l'imparfait.

1. Le jour commence à se lever. → __________
2. Les nuages et le vent annoncent un orage. → __________
3. Nous commençons à avoir froid. → __________

4 Écris les verbes entre parenthèses à l'imparfait de l'indicatif.

1. La cloche de l'école (annoncer) __________ la reprise des cours. 2. Dès huit heures, nous nous (ranger) __________ devant la porte de la classe. 3. Puis, nous (avancer) __________ lentement jusqu'à notre place. 4. Une fois tous les élèves assis, le professeur (commencer) __________ son cours. 5. Parfois, nous l'(agacer) __________ avec nos bavardages. 6. Alors, il (changer) __________ de ton. 7. Il (élever) __________ la voix.

As-tu réussi tes exercices ?

Très bien ☐ **Assez bien** ☐ **Pas assez bien** ☐

32 L'imparfait de l'indicatif (2)

Je découvre et je retiens

1 Grand-père **resplendissait** (**resplendir** ; 2e groupe) de santé.

► Pour écrire un verbe du **2e groupe** à l'imparfait de l'indicatif, il faut ajouter à son radical les **terminaisons** : ***-issais***, ***-issais***, ***-issait***, ***-issions***, ***-issiez***, ***-issaient***.

2 Il **partait** (**partir** ; 3e groupe) tôt le matin et **revenait** (**revenir** ; 3e groupe) parfois très tard.

► Les verbes du **3e groupe** ont pour terminaisons : ***-ais***, ***-ais***, ***-ait***, ***-ions***, ***-iez***, ***-aient***.

3 Il **voyait** (**voir**) très bien, mais il disait souvent qu'il **craignait** (**craindre**) de devenir aveugle.

► À l'imparfait, le radical de certains verbes du 3e groupe est modifié.

Je m'entraîne

1 Complète les phrases en mettant les verbes à l'imparfait. Utilise : *ratisser – ravir – bondir – envahir – remplir – embellir*.

1. Nous ______________ la piscine.
2. J'______________ la maison.
3. Les herbes ______________ le jardin.
4. Tu ______________ les allées.
5. Le chien ______________ de joie.
6. Vous ______________ vos parents.

2a Écris les verbes suivants à la personne demandée de l'imparfait de l'indicatif.

1. attendre (2e pers. sing.) : ______________
2. débattre (2e pers. plur.) : ______________
3. vouloir (3e pers. plur.) : ______________
4. venir (3e pers. sing.) : ______________
5. promettre (1re pers. plur.) : ______________
6. mentir (3e pers. plur.) : ______________

2b Récris ces phrases en mettant les verbes à l'imparfait de l'indicatif.

1. Je dois l'attendre car il répond au téléphone. → ______________

2. Mon père fend le bois pendant que je tonds le gazon. → ______________

3 Écris les verbes entre parenthèses à l'imparfait de l'indicatif.

1. Je (voir) ______________ souvent mon père sortir un vieux livre du placard. 2. Il le (prendre) ______________ dans ses mains. 3. Il l'(ouvrir) ______________ et (lire) ______________ à haute voix. 4. Il nous (apprendre) ______________ à aimer la lecture. 5. Il nous (instruire) ______________ petit à petit. 6. Parfois, nous (écrire) ______________ un résumé ou (décrire) ______________ un passage de ce livre.

Très bien ☐ Assez bien ☐ Pas assez bien ☐

33 Le futur simple de l'indicatif (1)

Je découvre et je retiens

1 Le chien **jouera** (**jouer**) dans le jardin. Il **essaiera** (**essayer**) d'attraper la balle au vol.

► Pour écrire un verbe du **1er groupe** au futur de l'indicatif il faut ajouter à son **radical** les **terminaisons** : ***-erai***, ***-eras***, ***-era***, ***-erons***, ***-erez***, ***-eront***. Les verbes en ***-yer*** changent le ***y*** en ***i*** à toutes les personnes.

2 Il **réussira** (**réussir**) et **avertira** (**avertir**) son maître par des aboiements.

► Les verbes du **2e groupe** forment leur futur en ajoutant à leur **radical** les **terminaisons** : ***-irai***, ***-iras***, ***-ira***, ***-irons***, ***-irez***, ***-iront***.

Je m'entraîne

1a Écris les terminaisons des verbes au futur de l'indicatif.

1. Vous défil______ dans la rue. 2. Tu oubli______ de venir. 3. Mes parents te remerci______ 4. Vous commenc______ de bonne heure. 5. Nous nous arrang______ pour passer. 6. Je ne retourn______ pas à la montagne. 7. Vous pli______ vos affaires. 8. Le facteur distribu______ le courrier.

1b Écris les verbes entre parenthèses au futur de l'indicatif.

1. Le chien (aboyer) ____________ bruyamment. 2. Vous (essayer) ____________ de le calmer. 3. Je (balayer) ____________ la terrasse. 4. Mes parents (essuyer) ____________ la vaisselle. 5. Nous (essayer) ____________ de t'envoyer un message. 6. Tu (s'ennuyer) ____________ sans ton frère.

2 Écris les verbes soulignés au futur.

1. Elles choisissent ____________ un déguisement. 2. Tu te noircis ____________ le visage. 3. Nous rougissons ____________ de plaisir. 4. Il saisit ____________ son épée à deux mains. 5. On applaudit ____________ le défilé.

3 Récris ces phrases au futur.

1. Aujourd'hui, mes parents ne travaillent pas, ils se reposent.

Demain, ____

2. Dès le matin, maman coupe quelques fleurs et fleurit la salle à manger.

En fin de matinée, ____

3. Ce matin, ma sœur pétrit la pâte et fabrique de belles pizzas.

Ce soir, ____

Très bien ☐ **Assez bien** ☐ **Pas assez bien** ☐

34 Le futur simple de l'indicatif (2)

Je découvre et je retiens

1 Mon frère **partira** (**partir**) en VTT.

► Les verbes du 3e groupe en ***-tir*** suivent la règle des verbes du 2e groupe (voir **fiche 33**).

(voir fiche 33)

2 Il **suivra** (**suivre**) la piste cyclable.

► Le futur des verbes en ***-re*** se forme en ajoutant au **radical** les **terminaisons** : ***-rai, -ras, -ra, -rons, -rez, -ront***.

3 Il **viendra** (**venir**) nous rejoindre à la plage.

► Les verbes de la famille de ***tenir*** et de ***venir*** se conjuguent comme *venir* : *je viendrai, tu viendras, il viendra, nous viendrons, vous viendrez, ils viendront.*

4 Quand vous le **verrez** (voir), vous **pourrez** (pouvoir) lui faire signe.

► Les verbes ***voir*** et ***pouvoir*** changent de radical et prennent ***rr*** à toutes les personnes (*je verrai ; je pourrai*).

Je m'entraîne

1 Écris les verbes à la personne demandée du futur simple de l'indicatif.

1. ressortir (2e pers. plur.) : ____________
2. dormir (1re pers. sing.) : ____________
3. partir (2e pers. sing.) : ____________
4. mentir (3e pers. plur.) : ____________
5. sentir (1re pers. plur.) : ____________
6. ouvrir (3e pers. sing.) : ____________

2 Récris la phrase au futur simple.

Je vis à la campagne ; le matin j'entends le coq chanter ; la vie me sourit.

→ ____

3 Écris les verbes au futur simple.

1. Cette année, je (tenir) ____________ ma promesse. 2. Nous (venir) ____________ vous voir. 3. J'(obtenir) ____________ mes congés sans difficulté. 4. Puis nous (convenir) ____________ d'une date. 5. Après ce séjour, j'espère que nous (redevenir) ____________ de bons amis.

4 Complète les phrases avec le verbe *voir* ou le verbe *pouvoir* au futur simple.

1. Les marins ____________ le phare. 2. ____________-tu me donner de tes nouvelles ? 3. Vous nous ____________ souvent cette année. 4. Le chien ne ____________ pas s'échapper. 5. Je ne ____________ rien sans mes lunettes. 6. Bientôt, nous ____________ t'aider.

Très bien ☐ Assez bien ☐ Pas assez bien ☐

35 Le passé simple (1)

Je découvre et je retiens

1 Il arriva au sommet plus tôt que prévu.
► Pour écrire un verbe du 1er groupe au passé simple de l'indicatif, il faut ajouter à son radical les terminaisons : ***-ai, -as, -a, -âmes, -âtes, -èrent***.

2 Il changea ses vêtements mouillés par l'effort.
► Les verbes en ***-ger*** prennent un e après la lettre ***g*** pour faire le son **« j »**.

3 Le temps menaçant, il commença la descente immédiatement.
► Les verbes en ***-cer*** prennent une **cédille (ç)** sous le ***c*** devant la lettre ***a*** pour faire le son **« s »**.

Je m'entraîne

1a Écris les terminaisons du passé simple.

1. Je rest______ bouche bée. 2. L'accident arriv______ très vite. 3. On transport______ le blessé à l'hôpital. 4. Ses parents me donn______ de ses nouvelles. 5. Dès le lendemain ses amis décid______ de lui rendre visite. 6. Ils saut______ dans le car, mont______ les marches en courant. Paul se promenait dans les couloirs !

1b Écris les verbes entre parenthèses au passé simple.

1. Comme tous les dimanches, maman (préparer) ______________ le pique-nique. 2. Nous (monter) ______________ dans la voiture. 3. Papa (rouler) ______________ doucement. 4. Soudain, il (emprunter) ______________ un petit chemin. 5. La voiture (s'arrêter) ______________ devant un beau chalet.

2 Récris les phrases en mettant le sujet au singulier.

1. Ils emménagèrent dans leur nouvelle maison. → ______________
2. Ils arrangèrent leur chambre. → ______________
3. Une fois terminé, ils mangèrent avec appétit. → ______________

3 Mets le sujet à la personne correspondante du singulier ou du pluriel.

1. Il avança lentement sur la plage. → ______________
2. Ils percèrent un trou dans le mur. → ______________
3. Nous traçâmes un rond sur le sable. → ______________

4 Écris les verbes au passé simple.

1. La petite souris (montrer) ______________ son fin museau entre le mur et la cheminée, mais elle n'(oser) ______________ pas aller plus loin. 2. Comme le gros chat ronflait, elle (s'élancer) ______________.

As-tu réussi tes exercices ?

Très bien ☐ **Assez bien** ☐ **Pas assez bien** ☐

36 Le passé simple (2)

Je découvre et je retiens

1 L'homme **réfléchit** (réfléchir) avant d'intervenir.

► Au passé simple, les verbes du 2e **groupe** ont pour **terminaisons** : ***-is*, *-is*, *-it*, *-îmes*, *-îtes*, *-irent***.

2 Il **partit** (partir) immédiatement vers la grange. Dès qu'il **aperçut** (apercevoir) son ouvrier, allongé près de l'échelle, il **courut** (courir) vers lui.

► Un verbe du **3e groupe** dont le **participe passé** se termine par le son **« i »** aura son **passé simple** en **« i »** (*il est parti → il partit*). Quand le **participe passé** est en **« u »**, le **passé simple** est aussi en **« u »** (*il a aperçu → il aperçut*). Seuls les verbes en ***-dre*** ne suivent pas cette règle (*il a entendu → il entendit*).

3 Il le **tint** (tenir) dans ses bras et appela les secours.

► Les verbes de la famille de ***tenir*** et de ***venir*** se conjuguent ainsi : *je tins, tu tins, il tint, nous tînmes, vous tîntes, ils tinrent – je vins, tu vins, il vint, nous vînmes, vous vîntes, ils vinrent.*

Je m'entraîne

1 Écris les verbes entre parenthèses au passé simple.

1. Des personnes (bondir) ____________ en avant. 2. La sirène nous (assourdir) ____________ 3. Les flammes (rougir) ____________ le ciel. 4. Les pompiers (finir) ____________ par maîtriser l'incendie.

2a Récris les phrases en mettant au passé simple les verbes en orange.

1. Il a aperçu mon frère ; il l'a reconnu. → ____________

2. Il a cru qu'il s'était trompé ; il a voulu vérifier. → ____________

2b Complète avec les verbes suivants au passé simple : *prendre – se mettre – sentir – couvrir*.

1. Le feu ____________ près de l'école. 2. Plusieurs personnes ____________ à courir. 3. Nous ____________ une odeur très forte. 4. D'épais nuages de fumée ____________ le soleil.

3 Complète avec les verbes suivants au passé simple : *parvenir – retenir – obtenir – devenir*.

1. Tu ____________ de très bonnes notes. 2. Très jeune, il ____________ célèbre. 3. Les chevaux ____________ à s'enfuir. 4. Je ____________ facilement cette poésie.

4 Écris les verbes entre parenthèses au passé simple.

1. La petite fille (se tenir) ____________ accroupie et (bondir) ____________ aussi haut qu'elle (pouvoir) ____________. 2. Elle (finir) ____________ les pieds réunis sur le flan du lion. 3. Elle (apercevoir) ____________ la crinière et la (saisir)____________ des deux mains.

As-tu réussi tes exercices ?

Très bien ☐ Assez bien ☐ Pas assez bien ☐

37 Le passé composé avec l'auxiliaire *avoir*

Je découvre et je retiens

1 Ma sœur **a** **passé** la journée à la maison. Elle **a** **lu** tout l'après-midi.

► Le passé composé est formé de l'auxiliaire ***avoir*** au **présent** de l'indicatif et du **participe passé** du verbe.

2 **Nos parents** **ont** oublié de me laisser les clés. **Elle** **a** refusé de me laisser entrer.
↓ pluriel ↓ féminin

► Le participe passé utilisé avec l'auxiliaire *avoir* **ne s'accorde pas avec le sujet** du verbe.

Je m'entraîne

1 Écris l'auxiliaire *avoir* à la forme qui convient.

1. Nos voisins __________ déménagé cette semaine. 2. Mon cousin __________ perdu une dent. 3. Vous __________ oublié de venir. 4. Il m'__________ interdit de parler. 5. Où __________-nous mis nos lunettes ? 6. J'__________ trouvé une bague.

2a Complète les phrases en utilisant au passé composé les verbes : *perdre – dire – appeler – visiter – avoir*.

1. Mon frère ____________________ ses affaires. 2. Il m'____________________ qu'il viendrait te voir. 3. À quelle heure ______________-vous ____________________ ? 4. J'____________________ le musée du Louvre. 5. Tu ____________________ la meilleure note ce mois-ci.

2b Récris les phrases à la personne correspondante du pluriel.

1. Elle a toujours refusé de me croire. → Elles ____________________
2. Tu as eu une minute pour nous décider. → ____________________
3. Il a trouvé la bonne réponse → ____________________
4. L'avion a atterri à Orly. → ____________________
5. Je n'ai pas envie de te croire. → ____________________
6. Que lui as-tu répondu ? → ____________________

2c Récris ce texte au passé composé.

Léa quitte l'école à seize heures. Elle goûte, puis elle gagne son bureau où elle fait ses devoirs. Ensuite, elle apprend ses leçons. Sa maman lui demande : « Léa fais-tu ton travail ? » Léa lui répond : « Oui maman, je termine. »

Hier, → ____________________

____

As-tu réussi tes exercices ?

Très bien ☐ **Assez bien** ☐ **Pas assez bien** ☐

38 Le passé composé avec l'auxiliaire *être*

Je découvre et je retiens

1 Mon voisin **est parti** ce matin en vacances. Il **est allé** dans le sud de la France.

► Le passé composé de certains verbes est formé de l'auxiliaire ***être*** au **présent** et du **participe passé** du verbe.

2 **Mes voisins** sont partis ce matin en vacances. **Ils** sont allés dans le sud de la France.
(Mes voisins ↓ masculin pluriel ; Ils ↓ masculin pluriel)

► Le participe passé employé avec l'auxiliaire *être* **s'accorde avec le sujet** du verbe.

Je m'entraîne

1 Écris l'auxiliaire *être* à la forme qui convient.

1. Arthur ________ rentré de vacances. 2. Vous ________ arrivés en retard. 3. Elle ________ descendue par l'escalier. 4. Nous ________ allées à l'école. 5. Je ________ partie avant la fin. 6. Tu ________ devenue une bonne élève.

2a Complète les phrases en utilisant au passé composé les verbes : *passer – sortir – revenir – naître*.

1. Les coureurs sont ________ devant la maison.
2. Mon père est ________ sur le pas de la porte.
3. Nous sommes ________ enchantés.
4. Amina et Maëlys sont ________ le même jour.

2b Récris les verbes à la personne correspondante du singulier ou du pluriel.

1. Tu t'es perdu dans la forêt. → Vous ________
2. Le conducteur est descendu de voiture. → ________
3. Ses amis sont venus l'accueillir. → ________
4. Nous sommes repartis quelques jours. → ________
5. Vous êtes invitées à mon anniversaire. → ________
6. Je suis allé voir un spectacle. → ________

3 Sur une feuille séparée, récris ce texte au passé composé.

Ma sœur s'installe devant la télévision. Elle s'endort rapidement. Maman s'assied à côté d'elle. À la fin du film, ma sœur se réveille. Elle et maman montent se coucher.

Très bien ☐ Assez bien ☐ Pas assez bien ☐

39 L'impératif présent (1)

Je découvre et je retiens

1 Écout**ez** (écouter, 1er groupe) le maître.

► Les verbes du **1er groupe** se forment en ajoutant au **radical** les **terminaisons** : ***-e***, ***-ons***, ***-ez***.
L'impératif se conjugue à la 2e personne du singulier, ainsi qu'à la 1re et à la 2e personne du pluriel, sans sujet exprimé.

2 Réfléch**issez** (réfléchir, 2e groupe) avant de répondre.

► Les verbes du **2e groupe** se forment en ajoutant au **radical** les **terminaisons** : ***-is***, ***-issons***, ***-issez***.

3 Ayez (avoir) confiance en vous. Soyez (être) travailleurs.

► Les verbes ***avoir*** et ***être*** changent de radical (*avoir* : *aie, ayons, ayez* – *être* : *sois, soyons, soyez*).

Je m'entraîne

1 **Complète les phrases avec les verbes suivants à l'impératif :** ***terminer – ranger – arrêter – raconter.***

1. ______________-toi de parler.
2. ______________ notre travail avant de sortir.
3. ______________ ton histoire.
4. ______________ cette fiche dans votre classeur.

2 **Complète les phrases avec les verbes suivants à l'impératif :** ***réfléchir – démolir – franchir – finir.***

1. ______________ vos devoirs.
2. Vous deux, ______________ cette rivière.
3. Noé, ne ______________ pas notre mur.
4. ______________ avant d'écrire ta lettre.

3 **Conjugue les verbes *avoir* et *être* aux trois personnes de l'impératif.**

1. Avoir un peu de patience.

____
____
____

2. Être en avance.

____
____
____

4 **Écris les verbes entre parenthèses à l'impératif.**

1. (avoir) ______________ le courage de vos actes. 2. (être) Parents, ______________ plus attentifs avec vos enfants. 3. (choisir) ______________ tes fréquentations. 4. (saisir) ______________ votre chance. 5. (être) ______________ sûre de tes affirmations. 6. (fleurir) ______________ notre table, les enfants ! 7. (étudier) ______________ tes leçons. 8. (partager) Lucas, ______________ ces fruits. 9. (attacher) Manon et Sofian, ______________ votre ceinture de sécurité. 10. (arrêter) ______________ de te plaindre.

Très bien ☐ Assez bien ☐ Pas assez bien ☐

40 L'impératif présent (2)

Je découvre et je retiens

1 **Prends** la bâche dans le garage, **sors**-la et **mets**-la dans le coffre de la voiture.

► À l'impératif, la plupart des verbes du 3e **groupe** se terminent par : ***-s***, ***-ons***, ***-ez***.

2 **Ouvre** la porte du jardin et **couvre** les fleurs pour éviter les gelées.

► Quelques verbes en ***-ir*** (*offrir*, *ouvrir*, *cueillir*…) se terminent par : ***-e***, ***-ons***, ***-ez***.

Je m'entraîne

1 Écris chaque phrase à la personne correspondante de l'impératif présent.

1. Tu mets tes skis. → ……
2. Nous prenons le télésiège. → ……
3. Vous descendez prudemment. → ……
4. Tu fais de larges virages. → ……
5. Vous me rejoignez au bas des pistes. → ……
6. Tu inscris ton nom sur le forfait. → ……

2 Conjugue la phrase suivante aux trois personnes de l'impératif.

Ouvrir les ciseaux, cueillir une rose et l'offrir à sa maman.

1. ……
2. ……
3. ……

3 Rédige les conseils suivants à la 2e personne du singulier de l'impératif présent.

1. Prendre ses affaires et sortir → ……
2. Ouvrir son livre et lire → ……
3. Prendre la laisse et tenir le chien → ……

4 Transforme les phrases selon le modèle.

Exemple : Il faut que tu viennes m'aider tout de suite. → Viens m'aider tout de suite.

1. Il faut que vous fassiez de gros efforts. → ……
2. Il faut que nous recevions nos correspondants. → ……
3. Il ne faut pas que tu craignes de perdre. → ……

Très bien ☐ Assez bien ☐ Pas assez bien ☐

41 L'accord de l'adjectif et du participe passé

Je découvre et je retiens

1 Regarde ces **beaux** oiseaux. Ils nichent sur les **hautes** branches.

↓ ↓ masculin pluriel — ↓ ↓ féminin pluriel

► L'**adjectif qualificatif** s'accorde en **genre** et en **nombre** avec le nom qu'il accompagne.

2 Les feuilles **secouées** par le vent tombent sur la chaussée **mouillée**.

↘ ↙ féminin pluriel — ↘ ↙ féminin singulier

► Le **participe passé** employé seul s'accorde **comme un adjectif qualificatif**.

Je m'entraîne

1a Accorde les adjectifs qualificatifs avec les noms soulignés.

1. Je n'aime pas les (long) ____________ <u>soirées</u> d'hiver. 2. Une <u>foule</u> (nombreux) ____________ attend l'arrivée des coureurs. 3. C'est une <u>écolière</u> (attentif) ____________ et (sérieux) ____________.

1b Souligne les noms et accorde les adjectifs qualificatifs.

1. Il a les cheveux raide____ et dru____. 2. Il porte une joli____ petit____ moustache noir____. 3. Ses yeux noir____ brillent comme d'énorme____ diamants. 4. Ses mains sont grand____ et potelé____. 5. Ses traits sont fin____, mais très net____.

1c Complète les phrases en utilisant les adjectifs suivants : *chaud – jauni – petit – luisant – strident – noir*.

1. Les ____________ nuits d'été, on peut apercevoir dans l'herbe ____________ de ____________ vers ____________. 2. Les cris ____________ des grillons ____________ attirent parfois notre attention.

2a Accorde les participes passés avec les mots soulignés.

1. Jette ce <u>jouet</u> (cassé) ____________. 2. Les <u>renards</u> (affamé) ____________ parcourent la campagne. 3. (Fatigué) ____________, <u>elles</u> s'endorment. 4. Les <u>voiliers</u> (poussé) ____________ par le vent avancent vite.

2b Accorde les participes passés.

1. Maëva a mis son écharpe bariolé____, ses chaussettes rayé____ et ses grosses chaussures fourré____. 2. Elle a posé son bonnet sur sa tête bouclé____. 3. Elle avance d'un pas prudent sur la piste gelé____, les mains crispé____ sur ses bâtons. 4. Son frère, enchanté____, commence à patiner. 5. Affolé____, elle lui demande de s'arrêter.

As-tu réussi tes exercices ?

Très bien ☐ Assez bien ☐ Pas assez bien ☐

42 Les chaînes d'accord dans le groupe nominal

Je découvre et je retiens

1 **Une journée ensoleillée.** (féminin singulier) **Des journées ensoleillées** (féminin pluriel)

► Dans un groupe nominal, le **déterminant** et l'**adjectif** s'accordent en **genre** et en **nombre** avec le **nom** qu'ils accompagnent.

2 Cette semaine, la météo annonce **de** très **belles** journées **ensoleillées**. (féminin pluriel)

► Quand le nom est accompagné de **plusieurs adjectifs**, chacun d'entre eux s'accorde avec le nom.

Je m'entraîne

1 Récris chaque groupe nominal en mettant le nom au pluriel.

1. Une ville touristique ....
2. Un paysage désertique ....
3. La rue piétonne : ....

2 Accorde les adjectifs entre parenthèses.

Le long des (nombreux) .... côtes (français) .... on peut découvrir de (large et long) .... plages de sable (fin) ...., de (haut) .... falaises (escarpé) .... où nichent de (multiple) .... variétés d'oiseaux (marin) ...., d'(immense) .... étendues de galets aux formes (divers) .... L'été, des touristes (oisif) .... se pressent sur ces plages (sablonneux) .... ; de (grand) .... embarcations aux voiles (multicolore) .... mouillent au pied de ces falaises (abrupte) .... De (nombreux) .... vacanciers parcourent les plages à la recherche de (petit) .... coquillages (original) ....

3 Récris les groupes nominaux en mettant les mots soulignés au pluriel.

1. Une grande <u>cascade</u> scintillante alimente un petit <u>lac</u> limpide.
→ .... alimentent ....
2. Un étroit <u>chemin</u> escarpé descend vers la vaste <u>plage</u> ensoleillée.
→ .... descendent ....
3. Un jeune <u>animal</u> farouche bondit sur le haut <u>rocher</u> dentelé.
→ .... bondissent ....

Très bien ☐ Assez bien ☐ Pas assez bien ☐

43 La dernière lettre des participes passés

Je découvre et je retiens

1 Le joueur a sauté très haut. En retombant il s'est tordu la cheville. Il est sorti du terrain.
(sauter : 1er groupe) (tordre : 3e groupe) (sortir : 3e groupe)

► Les participes passés se terminent en général par les lettres : **é** (1er groupe), **i** (2e et 3e groupes), **u** (3e groupe).

2 Les pompiers l'ont mis (mise) sur une civière. Ils l'ont conduit (conduite) à l'hôpital.

► Certains participes passés de verbes du 3e groupe se terminent par une **lettre muette** (*s* ou *t*). Pour trouver cette lettre finale, il faut mettre le **participe passé** au **féminin**.

Je m'entraîne

1a Écris le participe passé des verbes.

1. Danser → ______________ 2. Croire → ______________ 3. Salir → ______________
4. Partir → ______________ 5. Vouloir → ______________ 6. Mordre → ______________

1b Complète les terminaisons des participes passés.

1. Je suis sort____ du stade la tête pleine d'images. 2. Le match s'est disput____ dans une bonne ambiance. 3. Le rythme de jeu était très souten____. 4. Le goal adverse a effectu____ des arrêts spectaculaires. 5. Des spectateurs ont attend____ les joueurs à la sortie du stade. 6. Les joueurs ont sign____ des autographes.

2a Trouve oralement le féminin du participe passé des verbes, puis écris la lettre finale.

1. Prendre → pri____ 2. Produire → produi____ 3. Écrire → écri____
4. Mettre → mi____ 5. Faire → fai____ 6. Apprendre → appri____

2b Transforme les expressions comme dans l'exemple.

Exemple : Dire un poème → Un poème dit.

1. Construire un meuble → ______________________________
2. Comprendre un problème → ______________________________

3 Écris le participe passé des verbes entre parenthèses.

1. Je suis (entrer) ______________ dans le bois par un bout de l'allée. 2. Il est (arriver) ______________ par l'autre côté. 3. J'ai (croire) ______________ qu'une personne s'avançait vers moi. 4. J'ai (retenir) ______________ ma respiration et j'ai (ouvrir) ______________ grand les yeux. 5. Soudain, le sanglier est (apparaître) ______________ ; surpris, j'ai (arrêter) ______________ de marcher.

Très bien ☐ Assez bien ☐ Pas assez bien ☐

44 L'infinitif en *-er* ou le participe passé en *-é*

Je découvre et je retiens

1 Ce sportif vient **de** **réaliser** (faire) un exploit. Il compte **recommencer** (le refaire).

de → préposition ; réaliser → verbe à l'infinitif ; recommencer → verbe à l'infinitif

► L'infinitif en ***-er*** des verbes du 1er groupe peut être remplacé par l'infinitif d'un verbe du 2e ou du 3e groupe. Après une **préposition** (*à*, *de*, *en*, *par*…), le verbe s'écrit à l'**infinitif**.

2 Sa course **terminée** (finie), il se déchausse.

terminée → participe passé employé seul

► Le participe passé en **-é** peut être **remplacé** par le **participe passé** d'un verbe du **2e** ou du **3e groupe**.

Je m'entraîne

1 Remplace les verbes soulignés par un verbe du 2e ou du 3e groupe à l'infinitif, puis écris la terminaison.

1. Mes parents pensent déménag______ (______________) cette année. 2. On va sûrement habit______ (______________) dans la région parisienne. 3. Ils viennent de me l'annonc______ (______________) à l'instant.

2 Remplace les verbes soulignés par le participe passé d'un verbe du 2e ou du 3e groupe, puis écris la terminaison.

1. Cet hôtel situ______ (______________) au bord de la mer attire de nombreux touristes. 2. Allong______ (______________) sur le sable chaud, un vacancier bronze. 3. Son jeune fils, agenouill______ (______________) sur la plage, construit un château de sable. 4. Un bateau, amarr______ (______________) près du rivage, tangue.

3 Relie comme il convient.

1. Mes voisins ont •
2. Ma sœur est en train de •
3. Nous avons •
4. Nous devons •
5. Papa est décidé à •

• changé de voiture.

• changer de voiture.

4 Complète avec *-é* ou *-er*.

1. Je m'appelle Maëlys. Très jeune, j'ai aim____ l'école. 2. Tous les matins, je partais étudi____ avec beaucoup de plaisir. 3. J'ai pass____ de merveilleuses années dans les salles de classe. 4. Intéress____, j'ai écout____ mes professeurs avec beaucoup d'attention. 5. Je voulais assimil____ le plus grand nombre de connaissances. 6. Souvent le soir, à la fin des cours, attir____ par son savoir, j'aimais pass____ quelques instants avec ma maîtresse.

Très bien ☐ Assez bien ☐ Pas assez bien ☐

45 Le féminin des noms

Je découvre et je retiens

1 Les **concurrents** sont prêts. → Les **concurrentes** sont prêtes.

► En règle générale, on forme le féminin des noms **en ajoutant** un **-e** au nom **masculin**.

2 Un **champion** est engagé dans cette épreuve. → Une **championne** est engagée dans cette épreuve.
Le **directeur** de course donne le départ. → La **directrice** de course donne le départ.

► Au féminin, certains noms **doublent la consonne finale** ou **changent leur terminaison** (*-teur* → *-trice* ; *-eur* → *-euse*).

3 Un **cheval** marron gagne l'épreuve. → Une **jument** marron gagne l'épreuve.

► Certains noms féminins sont **différents** du nom masculin.

Je m'entraîne

1 Complète les phrases en utilisant le féminin des noms suivants : *ami – inconnu – marié – gamin – président – employé*.

1. L'________ de ma sœur s'appelle Lucie. 2. Une ________ a frappé à ma porte. 3. La ________ dirige le cortège au bras de son père. 4. Cette ________ adore le théâtre. 5. La ________ prononce un discours. 6. C'est une ________ modèle.

2 Écris le féminin des groupes nominaux soulignés. Si tu hésites, utilise un dictionnaire.

1. L'aviateur (________) s'installe aux commandes.
2. Le lion (________) attrape sa proie.
3. Ce bon citoyen (________) vote à toutes les élections.
4. Les parieurs (________) viennent sur les champs de course.

3 Donne le féminin des animaux suivants. Utilise un dictionnaire.

1. Un coq → ________ 2. Un taureau → ________ 3. Un tigre → ________
4. Le canard → ________ 5. Le bouc → ________ 6. Le cerf → ________
7. Un mouton → ________ 8. Un singe → ________ 9. L'âne → ________

4 Écris au féminin les groupes nominaux soulignés.

1. Dimanche dernier mon oncle (________) m'a amené sur un hippodrome. 2. Mon voisin (________) portait un chapeau. 3. J'ai été étonné de voir autant de trotteurs (________) au départ des courses. 4. Les habitués (________) suivent les courses avec des jumelles. 5. Le champion (________) a dominé la course de bout en bout.

As-tu réussi tes exercices ?

Très bien ☐ Assez bien ☐ Pas assez bien ☐

46 Le pluriel des noms

Je découvre et je retiens

1 Mes parents ont invité leurs amis à manger.

► En règle générale, on forme le **pluriel** des noms en ajoutant un ***-s*** au nom singulier.

2 Maman a fait un gâteau aux noix.

► Les noms terminés par ***s***, ***x***, ***z*** au singulier **ne changent pas au pluriel**.

3 Pour les recevoir, elle a mis tous ses bijoux. Moi, j'ai caché des clous dans un coin.

► Les noms terminés par ***-ou*** prennent un ***-s*** au pluriel **sauf** : ***bijou – caillou – hibou – joujou – pou – chou*** qui prennent un ***-x***.

Je m'entraîne

1a Écris les noms suivants au pluriel.

1. Une erreur → ______ 2. Un ami → ______ 3. Une poupée → ______
4. Un ballon → ______ 5. Une année → ______ 6. Un jouet → ______

1b Écris les noms soulignés au pluriel si c'est nécessaire.

1. Brusquement, toutes les tête______ se dressent et scrutent la pelouse______. 2. Les joueur______ rentrent sur le terrain______. 3. Les arbitre______ se mettent à l'écart. 4. Les spectateur______ applaudissent à tout rompre. 5. Soudain, c'est le silence______. 6. Les deux équipe______ sont présentées aux officiel______. 7. Les hymne______ nationaux sont joués par la fanfare______. 8. Les personnalité______ regagnent leur place______.

2 Écris les noms entre parenthèses au pluriel.

1. (perdrix) Maman a cuisiné des ______. 2. (souris) Les ______ ont mangé le fromage. 3. (repas) Les ______ sont servis par les élèves de l'école hôtelière. 4. (gaz) Les ______ d'échappement des voitures polluent la planète.

3 Complète les phrases avec les noms suivants au pluriel : *maman – caillou – trou – bisou – sou – bijou – hibou – verrou*.

1. Dimanche prochain, c'est la fête des ______. 2. J'ai fabriqué un collier avec de petits ______ auxquels papa a fait des ______. 3. Je l'offrirai à maman. Elle me fera de gros ______. 4. Si j'avais eu beaucoup de ______ je lui aurai offert des ______. 5. Mon frère lui a acheté une collection de ______. 6. Elle les rangera dans son placard qui est fermé par des ______.

As-tu réussi tes exercices ?

Très bien ☐ Assez bien ☐ Pas assez bien ☐

47 Le pluriel des noms en *-eu*, *-eau*, *-au* et *-ail*

Je découvre et je retiens

1 Les pneus et les boyaux de mon VTT sont usés. Mes neveux effectueront le remplacement.

► Les noms terminés par ***-eu***, ***-eau*** et ***-au*** prennent un ***-x*** au pluriel sauf ***landau***, ***pneu***, ***bleu*** et ***lieu*** (le poisson) qui prennent un ***-s***.

2 Quand ils auront terminé les travaux, nous inspecterons le vélo dans les moindres détails.

► Les noms terminés par ***-ail*** prennent un ***-s*** au pluriel sauf ***émail***, ***soupirail***, ***corail***, ***travail***, ***vitrail*** qui ont un pluriel en ***-aux***.

Je m'entraîne

1a Écris les noms au pluriel.

1. Un radeau → ____________________
2. Un feu → ____________________
3. Un tuyau → ____________________
4. Un agneau → ____________________
5. Un préau → ____________________
6. Une eau → ____________________

1b Écris les noms soulignés au pluriel.

1. Ce soir nous sommes invités chez mes neveu____. 2. Leur maison située au bord de l'eau est entourée de canau____ et de bateau____. 3. Ces deux tourtereau____ ont agrandi leur famille de jumeau____. 4. Les nouveau-nés ont beaucoup de cheveu____. 5. Dans le jardin, deux landau____ attendent qu'on leur change les pneu____. 6. Les jumeau____ ont reçu beaucoup de cadeau____. 7. Nous terminons le repas avec de délicieux gâteau____. 8. Nous mettons les enfants au lit et jouons à des jeu____ de société.

2a Écris les noms au pluriel.

1. Un chandail → ____________________
2. Un travail → ____________________
3. Un rail → ____________________
4. Du corail → ____________________
5. Un détail → ____________________
6. Un éventail → ____________________

2b Écris les noms entre parenthèses au pluriel.

1. Comme cette grande bâtisse est belle ! Des (travail) ____________ de restauration sont en cours. 2. De grands (portail) ____________ en bois séparent la maison d'habitation de la grange. 3. On peut voir, à gauche, de larges (soupirail) ____________ et à droite, une petite chapelle avec de beaux (vitrail) ____________. 4. Sur les murs des (émail) ____________ décorent cet ensemble très austère. 5. Au loin, dans un champ, d'énormes (épouvantail) ____________ fabriqués avec de vieux (chandail) ____________ font fuir les oiseaux.

Très bien ☐ Assez bien ☐ Pas assez bien ☐

48 Les verbes en -cer, -ger, -guer

Je découvre et je retiens

1 Nous avançâmes lentement dans la forêt.

► La lettre *c* devant *a*, *o*, *u* se prononce « k ». Pour obtenir le son « s », on écrit *ç*.

2 Pressés par la tombée de la nuit, nous changeâmes de rythme.

► La lettre *g* devant *a*, *o*, *u* se prononce « g ». Pour obtenir le son « j », on écrit *ge*.

3 À la sortie du bois, nous distinguâmes le chalet où nous devions passer la nuit.

► Les verbes en *-guer* gardent le *u* à toutes les personnes conjuguées, même devant *a* et *o*.

Je m'entraîne

1 Complète les verbes conjugués avec c ou ç.

1. Les déménageurs dépla____aient les meubles. 2. Dans cet embouteillage la voiture avan____e lentement. 3. Il y a dix ans, nous annon____ions ta naissance. 4. Après la tempête, nous rempla____ons les tuiles cassées. 5. Il a re____u une bonne nouvelle. 6. Ils espa____èrent leurs visites.

2 Complète les verbes conjugués avec g ou ge.

1. Le singe volti____ait d'une branche à l'autre. 2. Nous échan____ions parfois nos vêtements. 3. Autrefois, vous voya____iez souvent en train. 4. Nous aidons le vigneron à vendan____er sa vigne. 5. De retour de vacances, nous déchar____ons la voiture. 6. Il rou____it dès qu'on lui parle.

3 Écris les expressions aux personnes indiquées et à l'imparfait de l'indicatif.

1. Élaguer les arbres. → Tu ____________________
→ Nous ____________________

2. Larguer les amarres. → Les marins ____________________
→ Vous ____________________

4 Écris les verbes entre parenthèses au présent de l'indicatif.

Quand il (1. naviguer) ____________ en mer, il (2. tracer) ____________ sa route sur une carte. La nuit, il (3. se diriger) ____________ en regardant les étoiles. Le jour, il (4. apercevoir) ____________ souvent des dauphins qui (5. nager) ____________ et qui (6. plonger) ____________ près du bateau.

5 Sur une feuille à part, écris les verbes de l'exercice précédent en gardant la même personne et à l'imparfait de l'indicatif.

Très bien ☐ Assez bien ☐ Pas assez bien ☐

49 L'accord sujet/verbe (1)

Je découvre et je retiens

1 Les enfants **courent** après le ballon.
↓ sujet au pluriel — ↓ verbe au pluriel

► Le verbe s'accorde en **nombre** (singulier ou pluriel) **avec le sujet**.

2 Un groupe d'enfants **court** après le ballon.
↓ mot essentiel du groupe sujet au singulier — ↓ verbe au singulier

► Quand le sujet est un **groupe nominal**, le verbe **s'accorde avec** le **mot essentiel** du groupe sujet (le plus souvent, le mot essentiel est le premier des deux noms).

Je m'entraîne

1a Relie les sujets et les verbes.

1. Romane et Maël •
2. Hugo •
3. Tous les enfants •
4. Un clown •
5. Tout le monde •
6. Mon frère et moi •

• joue.
• jouons.
• jouent.

1b Souligne le sujet et accorde le verbe au présent.

1. Les enfants regard_____ la télévision. Ils se passionn_____ pour les dessins animés.
2. Mon frère, le matin, déjeun_____ en écoutant les informations à la radio.
3. Quelques passants se promèn_____ dans la rue.
4. Des oiseaux piaill_____ dans les arbres.

2 Souligne le groupe nominal sujet, entoure le mot essentiel, puis écris le verbe au présent.

1. Un équipage de six chevaux (tourner) __________________ sur la piste.
2. Les numéros de dressage (attirer) __________________ un nombreux public.
3. Les acrobaties du trapéziste (impressionner) __________________ les spectateurs.
4. Le dresseur de tigres (entrer) __________________ dans la cage.
5. Un trio de jongleurs (présenter) ____________ son numéro.
6. Le plus jeune d'entre eux (sembler) ____________ gêné par le va-et-vient des passants.

Très bien ☐ Assez bien ☐ Pas assez bien ☐

50 L'accord sujet/verbe (2)

Je découvre et je retiens

1 Tous les jours, à la maison, se joue (verbe) **un petit drame** (sujet). Quel est (verbe) -il (sujet) ?

► Le **sujet** peut être situé **après le verbe**.

2 **Mon frère** (sujet), tous les jours, cherche (verbe) ses clés. **Il** (sujet) les retrouve (verbe) dans la poche de son pantalon.

► Le **sujet** peut être **éloigné du verbe**. Dans tous les cas, le verbe s'accorde en nombre (singulier ou pluriel) avec le sujet, quelle que soit la place de ce dernier dans la phrase.

Je m'entraîne

1a Transforme les phrases en mettant le sujet avant le verbe.

1. Derrière les volets, se cache un chat. → ______
2. Au bord de l'étang, poussent des roseaux. → ______

1b Écris au présent de l'indicatif les verbes entre parenthèses.

1. Dans cette rivière, (vivre) ______ de nombreuses variétés de poissons.
2. Au bord de ce plan d'eau, (s'installer) ______ des groupes de pêcheurs.
3. Sur le pont suspendu, (passer) ______ de nombreux touristes.

2a Souligne les sujets des verbes soulignés.

1. Les pêcheurs, quand le temps le permet, <u>placent</u> leurs filets le long de la côte.
2. Les arbres fruitiers, dès les grosses chaleurs, <u>produisent</u> d'énormes fruits sucrés.

2b Souligne les sujets et écris les verbes au présent de l'indicatif.

1. Cette lettre, tu la (donner) ______ à tes parents ce soir.
2. Ce jouet, je te l'(offrir) ______ avec plaisir.
3. Ses photos, il me les (envoyer) ______ dès son retour.

3 Relie chaque verbe soulignés à son sujet.

1. Le chien, devant le portail, <u>attend</u> l'arrivée de son maître. 2. Que <u>fait</u>-il quand un passant, par imprudence, <u>s'approche</u> de la maison ? 3. <u>Aboie</u>-t-il ? Oui, certainement. <u>Mord</u>-il ? Sûrement pas. 4. Quand le maître <u>revient</u>, le chien, très content, <u>remue</u> la queue.

Très bien ☐ Assez bien ☐ Pas assez bien ☐

51 L'accord sujet/verbe (3)

Je découvre et je retiens

1 Un garçon, une fille et une grande personne [attendent] le car.

trois sujets au singulier → verbe au pluriel

► Deux ou **plusieurs sujets au singulier** sont équivalents à **un sujet au pluriel.**
Le verbe se met alors au pluriel.

2 Le garçon [monte] dans le car, [lève] les bras et [envoie] un signe d'au revoir.

un sujet au singulier → trois verbes au singulier

► **Plusieurs verbes** peuvent avoir **un même sujet**. Chaque verbe s'accorde en nombre avec ce sujet.

Je m'entraîne

1a Souligne les sujets puis écris le verbe au présent de l'indicatif.

1. Kénan et Ambre (adorer) __________ se promener dans ce zoo. 2. Une girafe, une autruche et une antilope (vivre) __________ paisiblement dans une immense prairie. 3. Dans une grande volière, un condor, un vautour et un aigle (faire) __________ admirer leur vol majestueux. 4. Le phoque et l'otarie (disposer) __________ d'un beau plan d'eau. 5. Un lion et une lionne (se prélasser) __________ au soleil.

1b Évite les répétitions du verbe en écrivant une phrase à plusieurs sujets.

1. Mon voisin collectionne les timbres. Je collectionne les timbres.
Mon voisin et __________

2. Mathis écrit une lettre. Sa sœur écrit une lettre.
Mathis __________

3. Mon frère arrive en retard. Toi, tu arrives en retard.
Mon __________

2a Souligne les sujets puis écris les verbes au présent de l'indicatif.

1. Éthan (faire) __________ ses premiers pas sur la glace. 2. Il (trembler) __________ un peu, (hésiter) __________ mais soudain (s'élancer) __________. 3. Il (glisser) __________ un court instant, (croiser) __________ ses patins et (chuter) __________. 4. Ses copains l'(observer) __________, le (soutenir) __________. 5. Ils le (conseiller) __________ et l'(encourager) __________.

2b Récris la phrase en mettant le sujet au pluriel.

Ce joueur dribble, feinte et tire au but. → __________

Très bien ☐ Assez bien ☐ Pas assez bien ☐

52 Les accords dans la phrase

Je découvre et je retiens

1 Le gros **chien** noir de mes voisins **s'approche** de la maison.

masc. sing. — verbe à la 3e pers. du sing.

▶ Le **verbe** s'accorde en **nombre** avec le **mot essentiel** du groupe **sujet**.

2 Mes chatons craintifs et apeurés **se cachent** derrière leur mère.

masc. plur. — masc. plur. — masc. plur. — verbe à la 3e pers. du plur.

▶ Les **déterminants** et les **adjectifs qualificatifs** s'accordent en **genre** et en **nombre** avec le nom.

Je m'entraîne

1 Souligne le mot essentiel du groupe sujet et accorde les verbes au présent.

1. Le beau bateau aux voiles multicolores quitt_____ le port et se dirig_____ vers le large.
2. Des marins agiles et décidés grimp_____ aux cordes et hiss_____ les voiles.

2 Observe les flèches et fais les accords nécessaires.

1. Les mouette_____ hardi_____ et criard_____ interpell_____ les courageu_____ marin_____.
2. Secoué_____ par les forte_____ rafale_____ d'une bise glacial_____, les voile_____ mal attaché_____ claqu_____.

3 Récris les phrases en mettant les mots soulignés au pluriel. Fais les accords nécessaires.

1. Irrité par le bruit, mon <u>voisin</u> se met en colère et réprimande le gêneur.

→ _____

2. Le dernier <u>skieur</u> attentif et impatient s'apprête à s'élancer.

→ _____

4 Récris les phrases en mettant les mots soulignés au singulier. Fais les accords nécessaires.

1. Ces <u>garçons</u> se croient plus intelligents parce qu'ils sont plus grands.

→ _____

2. Ces gros <u>nuages</u> noirs n'annoncent pas du beau temps.

→ _____

Très bien ☐ Assez bien ☐ Pas assez bien ☐

53 Et/est – ou/où

Je découvre et je retiens

1 Il **est (était)** parti à la montagne.
Il adore faire du ski **et (et puis)** du snowboard.

► ***Est*** : 3e personne du singulier du verbe ***être*** au **présent** ; on peut le remplacer par ***était***.

► ***Et*** : mot **invariable** ; on peut le remplacer par ***et puis***.

2 Ce soir, **où (à quel endroit ?)** veux-tu aller, au cinéma **ou (ou bien)** au théâtre ?

► ***Où*** : avec accent, indique le **lieu**, l'endroit.

► ***Ou*** : sans accent, peut être remplacé par ***ou bien***.

Je m'entraîne

1a Complète par *est* ou *et*. Justifie ta réponse en écrivant *était* ou *et puis* entre parenthèses.

1. Nicolas ______ (______) mon ami ______ (______) il me défend toujours. **2.** Il ______ (______) trapu ______ (______) très fort. **3.** Avec lui, on ______ (______) en sécurité. **4.** Il ______ (______) aimé ______ (______) respecté par tous ses copains.

1b Écris *est* ou *et*.

1. Le cyclisme sur route ______ à la fois un loisir ______ un sport. **2.** Il ______ pratiqué par des amateurs ______ par des professionnels. **3.** C'______ un sport individuel ______ un sport d'équipe. **4.** L'épreuve « reine » ______ le Tour de France. **5.** C'______ un sport très exigeant. **6.** Un bon coureur cycliste doit être véloce ______ endurant. **7.** Ce champion ______ puissant ______ fin tacticien.

2a Complète par *ou* ou par *où*. Justifie ta réponse en écrivant soit *ou bien* soit ~~*ou bien*~~.

1. Nicolas ______ (______) es-tu ? Rentre vite ! Il va pleuvoir ! **2.** Prends ton parapluie ______ (______) mets ton anorak ! **3.** D'______ (______) je suis, je ne distingue pas s'il pleut ______ (______) s'il neige.

2b Complète par *ou* par *où*.

1. ______ habites-tu ? À Paris ______ en banlieue ? **2.** Partirez-vous en vacances en juillet ______ en août ? **3.** ______ irez-vous ? **4.** À la mer ______ à la montagne ? **5.** Nous irons dans le village ______ mes parents sont nés. **6.** Deux ______ trois jours après mon arrivée, je t'écrirai ______ je te téléphonerai. **7.** De la maison ______ nous serons, nous partirons en randonnée pédestre ______ en VTT. **8.** Le matin ______ le soir, mon père ira pêcher dans le torrent ______ il a déjà pris de belles truites.

Très bien ☐ Assez bien ☐ Pas assez bien ☐

54 On/ont/on n' – son/sont

Je découvre et je retiens

1 **On (il)** est arrivé et ils **ont (avaient)** pris des photos.
On n'a pas pu photographier l'intérieur de la grotte.

► ***On*** : **pronom personnel** sujet. On peut le remplacer par ***il***.

► ***Ont*** : forme conjuguée du verbe ***avoir***. On peut le remplacer par ***avaient***.

► Quand il y a une **négation** après le verbe (*pas, jamais, plus, rien, personne...*), il faut écrire ***on n'***.

2 Les photos de **son (mon)** anniversaire **sont (étaient)** réussies.

► ***Son*** : déterminant.
On peut le remplacer par ***mon***.

► ***Sont*** : 3e personne du pluriel du verbe ***être***. On peut le remplacer par ***étaient***.

Je m'entraîne

1a **Complète par *on* ou *ont*. Justifie ta réponse en écrivant *il* ou *avaient* entre parenthèses.**

1. __________ (__________) a le droit de visiter le musée. **2.** Les enfants __________ (__________) fait de nombreux croquis. **3.** Ils __________ (__________) écouté attentivement les commentaires du guide. **4.** __________ (__________) leur a distribué des cartes postales.

1b **Complète les phrases avec *on*, *ont* ou *on n'*.**

1. ________ a assisté à un match de rugby. **2.** ________ a applaudi les joueurs lorsqu'ils ________ marqué le premier essai. **3.** La première mi-temps a été très agréable : ________ a pas vu le temps passer. **4.** À la fin du match, ________ a rencontré les joueurs qui nous ________ signé des autographes. **5.** ________ a pas pris le bus pour le retour, des amis ________ ramené mes parents en voiture.

2a **Complète par *son* ou *sont*. Justifie ta réponse en écrivant *mon* ou *étaient* entre parenthèses.**

1. Ils __________ (__________) revenus plus tard que prévu. **2.** Éric range __________ (__________) vélo. **3.** Frédérique et __________ (__________) frère se __________ (__________) perdus en forêt. **4.** Ses amis __________ (__________) heureux de __________ (__________) succès.

2b **Écris *son* ou *sont*.**

1. Au début du printemps, papa entretient __________ jardin. **2.** C'est __________ passe-temps favori. **3.** Les mauvaises herbes __________ arrachées à la main. **4.** Toutes les plantes __________ sarclées avec minutie. **5.** Autour de la maison, les rosiers __________ en fleurs. **6.** Leurs fleurs __________ très belles et __________ très parfumées. **7.** __________ mimosa illumine tout le quartier. **8.** __________ voisin lui dit toute __________ admiration. **9.** Dans le jardin potager, les salades et les radis __________ bien avancés. **10.** Les fraises __________ déjà toutes rouges.

As-tu réussi tes exercices ?

Très bien ☐ **Assez bien** ☐ **Pas assez bien** ☐

55 *Ce/se/s' – c'est/s'est*

Je découvre et je retiens

1 **Ce** singe est gourmand. Il **se** régale avec des bananes. Il **s'**élance de branche en branche.
↓ Le singe — ↓ Je me régale — ↓ Je m'élance

► ***Ce*** devant un nom est un **déterminant**. On peut le remplacer par *le*, *mon*, *ton*…

► ***Se*** est un **pronom personnel** placé devant un verbe. On peut le remplacer par *me*, *te*...

2 **C'est** un très beau spectacle. Le trapéziste **s'est** rattrapé de justesse.
↓ Cela est — ↓ Je me suis rattrapé(e), tu t'es rattrapé(e)...

► On peut remplacer ***c'est*** par *cela est*.

► ***S'est*** fait partie de la forme verbale. On peut remplacer ***s'*** par un autre pronom (*me* – *m'* – *te* – *t'*…).

Je m'entraîne

1a **Indique si le mot souligné est un nom ou un verbe, puis écris *ce* ou *se*.**

1. L'avion ______ pose (______) sur la piste. 2. ______ travail (______) est très fatigant. 3. Attrape ______ jouet (______) et donne-le-moi. 4. Il ______ promène (______) dans la forêt.

1b **Complète par *ce* ou *se*.**

1. ______ matin, Chloé et Louna ______ sont levées de bonne heure. 2. Elles doivent ______ rendre chez leur tante qui habite près d'un lac. 3. Elles ______ baigneront dans ______ lac.

1c **Complète par *ce*, *se* ou *s'*.**

1. ____ jeune garçon ____ intéresse à tout ____ qui touche à l'informatique. 2. Cette activité lui permet de ____ détendre. 3. Pendant que ses copains ____ amusent sur ____ terrain vague, il ____ met devant son ordinateur. 4. Il ____ connecte à Internet. 5. ____ soir, comme d'habitude, il ____ trouve encore devant l'écran.

2a **Récris les phrases en mettant le verbe au passé composé.**

1. Mon petit frère s'absente quelques instants. → ______________________

2. Sa mère ne s'aperçoit pas de son absence. → ______________________

2b **Complète par *c'est* ou *s'est*.**

1. ______ la fête au village : un cirque ______ installé sur la place. 2. Léo ______ précipité pour admirer la parade qui ______ déroulée dans les rues. 3. Il ______ promis d'aller voir le spectacle. 4. Il ______ installé sur les gradins. 5. ______ le tour des clowns ! 6. ______ le numéro préféré des enfants.

As-tu réussi tes exercices ?

Très bien ☐ Assez bien ☐ Pas assez bien ☐

56 Mes/mais/mets/met

Je découvre et je retiens

1 **Mes** grands-parents viennent pour mon anniversaire, **mais** ils arriveront en retard.

- ***Mes*** est un **déterminant**. On peut le remplacer par ***tes***.
- ***Mais*** est un **mot de liaison**. Il a le sens de ***cependant***.

2 Je **mets** mon plus bel ensemble, ma sœur **met** sa plus belle robe, et la fête peut commencer.

- ***Mets*** (*je mets, tu mets*) et ***met*** (*il met*) sont deux formes conjuguées du verbe ***mettre***.

Je m'entraîne

1a Complète par *mes* ou *mais*. Justifie ta réponse en écrivant *tes* ou *cependant* entre parenthèses.

1. _____ (______________) camarades sont partis en classe verte à la montagne. 2. J'aurais pu y aller, _____ (______________) j'étais malade. 3. « _____ (______________) élèves s'épanouissent de jour en jour », dit la maîtresse. 4. « Ils sont très gentils _____ (______________) ils sont parfois trop bruyants », dit-elle.

1b Écris *mes* ou *mais*.

1. __________ amis sont venus me rendre visite, __________ je n'étais pas là. 2. __________ résultats scolaires sont satisfaisants, __________ j'aurais pu mieux faire. 3. __________ parents pensent aller à la mer, __________ ils attendent confirmation pour la location. 4. __________ copains voulaient se baigner, __________ le mauvais temps ne l'a pas permis.

2 Complète par *mets* ou *met*.

1. Il __________ de l'argent de côté pour faire un grand voyage. 2. __________ tes vêtements de sport. 3. Je __________ du bois dans la cheminée pour faire la grillade. 4. Maman __________ la table et je __________ les couverts.

3 Complète par *mes*, *mais*, *mets* ou *met*.

1. __________ parents ne sont pas là __________ j'ai eu le droit de rester seul à la maison. 2. Je suis allé passer le week-end chez __________ grands-parents. 3. Leur maison est ancienne, __________ très agréable. 4. Le matin à mon réveil, papi me dit : « Tu sais, Louis, le ciel est couvert __________ je pense qu'il ne pleuvra pas. 5. __________ tes bottes et ton ciré, nous partons à la pêche. » 6. Papi __________ rapidement le matériel de pêche dans la voiture. 7. Mami prépare le repas et le __________ dans la glacière. 8. Nous montons dans la voiture ; papi __________ le contact, __________ elle refuse de démarrer.

Très bien ☐ Assez bien ☐ Pas assez bien ☐

57 La / l'a / l'as / là

Je découvre et je retiens

1 La porte était bloquée. S'il te plaît, ouvre-la. Si tu ne peux pas, nous passerons par là.
↓ nom ↓ (la porte) ↓ ici

► ***La*** est un **article** lorsqu'il est situé **devant le nom.**

► Il s'écrit aussi ***la*** quand il **remplace un nom** ; c'est alors un **pronom personnel.**

► Quand on peut le remplacer par ***ici***, c'est un **adverbe** et on l'écrit ***là***.

2 Le serrurier l'a ouverte. ↓ l'avait — Pourquoi l'as-tu refermée ? ↓ l'avais-tu

► ***L'a*** et ***l'as*** sont formés de deux mots : le **pronom personnel** (*l'*) et l'auxiliaire ***avoir***. On peut les remplacer par ***l'avait*** ou ***l'avais***.

Je m'entraîne

1 Indique la nature des mots soulignés.

La (1. ________) jument se cabre, son cavalier la (2. ________) saisit par les rênes et la (3. ________) calme avec douceur. Il la (4. ________) caresse avec amour. « Elle est perdue, c'est la (5. ________) première fois que nous passons par là (6. ________) », me dit-il.

2 Écris les deux phrases au passé composé.

1. Mon ami repère un bel oiseau et le photographie.
→ ____
2. Un perdreau s'envole, il le regarde s'éloigner.
→ ____

3 Complète le tableau avec des croix puis écris *la*, *là*, *l'a* ou *l'as*.

	Est devant un nom	Peut se mettre à l'imparfait	Remplace un nom	Peut être remplacé par *ici*
1. ________ nature s'est réveillée.				
2. Une tulipe a fleuri ________ près du portail.				
3. Le soleil ________ réchauffée.				
4. Tu ________ photographiée.				
5. Mais ne ________ coupe pas.				

Très bien ☐ Assez bien ☐ Pas assez bien ☐

58 Les préfixes *in-*, *im-*, *il-*, *ir-*

Je découvre et je retiens

1 L'attente était **inévitable**. Une foule **innombrable** se pressait sur la ligne de départ.

▶ Beaucoup de préfixes servent à former des mots de sens contraire. Préfixe ***in-*** : *évitable* → *inévitable*. On double le ***n*** quand il est placé devant un mot commençant par la lettre ***n*** (*innombrable*).

2 Nous étions tous **immobiles** et **impatients** de prendre le départ de la course.

▶ ***In-*** devient ***im-*** devant les lettres ***m***, ***b***, ***p***.

3 Le nombre de participants était **illimité**.

▶ On utilise le préfixe ***il-*** devant les mots commençant par la lettre ***l***.

4 L'organisation a été **irréprochable**.

▶ On utilise le préfixe ***ir-*** devant les mots commençant par la lettre ***r***.

Je m'entraîne

Écris le contraire des adjectifs suivants :

1 actif → ______ nommable → ______
capable → ______ efficace → ______

2 buvable → ______ moral → ______
praticable → ______ périssable → ______

3 logique → ______ légal → ______
lisible → ______ lettré → ______

4 responsable → ______ régulier → ______
réel → ______ respectueux → ______

5 **Exprime le contraire de chacune des phrases suivantes.**

1. Ce projet est réalisable. → Ce projet est ______
2. Ta demande est légitime. → ______
3. Sa victoire était prévue. → ______
4. Ce dessert périmé est mangeable. → ______
5. Votre téléviseur est réparable. → ______
6. Ton attitude est acceptable. → ______

Très bien ☐ Assez bien ☐ Pas assez bien ☐

59 Le suffixe *-tion*

Je découvre et je retiens

1 Notre maître nous a parlé de la pollu**tion**.

► La plupart des noms féminins terminés par le son « **sion** » se terminent par ***-tion***.

2 Nous avons regardé une é**mission** sur les éoliennes. La discu**ssion** qui a suivi a été très animée.

► Certains noms ne suivent pas cette règle : les noms terminés par ***-mission*** (*une émission*), par ***-ession*** (*une impression*) ainsi que ***passion*** et ***discussion***.

Je m'entraîne

1 Écris les noms féminins correspondants aux verbes ci-dessous. Au besoin, utilise un dictionnaire.

1. exposer → ____________ 2. hésiter → ____________
3. respirer → ____________ 4. estimer → ____________
5. animer → ____________ 6. recommander → ____________
7. apparaître → ____________ 8. protéger → ____________
9. éduquer → ____________ 10. réagir → ____________
11. produire → ____________ 12. résoudre → ____________
13. élire → ____________ 14. réduire → ____________

2 Écris les noms féminins de la même famille que les verbes ci-dessous.

1. passionner → ____________ 2. discuter → ____________
3. progresser → ____________ 4. céder → ____________
5. transmettre → ____________ 6. omettre → ____________
7. succéder → ____________ 8. régresser → ____________

3 Complète par *-tion(s)* ou *-ssion(s)*.

1. La télévision propose régulièrement la retransmi______ de débats sur la pollu______ 2. Sous la pre______ des scientifiques, la préserva______ de notre planète est devenue une priorité mondiale. 3. Des discu______ sur les énergies nouvelles sont fréquentes. 4. Des commi______ sont créées pour débattre de la situa______. 5. L'adop______ par les politiques de résolu______ visant à diminuer la pollu______ est courante, notamment avec les projets de construc______ d'éoliennes ou de panneaux solaires. 6. C'est la grande préoccupa______ de notre siècle. 7. De nouvelles profe______ vont voir le jour.

Très bien ☐ Assez bien ☐ Pas assez bien ☐

60 Les mots en *-ail*, *-eil*, *-euil*

Je découvre et je retiens

1 Le soleil brille. Sur l'arbre, l'écureuil attend. Près du portail, se trouve un pied de chèvrefeuille.

► Les noms masculins en *-ail*, *-eil*, *-euil* se terminent au singulier par *-ail*, *-eil*, *-euil* (sauf ceux qui sont formés avec le mot *feuille*).

2 Une abeille butine. Une volaille caquette. Une feuille voltige.

► Les noms **féminins** en *-ail*, *-eil*, *-euil* se terminent au singulier par *-aille*, *-eille*, *-euille*.

3 Le réveil sonne. Je me réveille, je baille.

► Il **ne faut pas confondre** le **nom** et le **verbe** : *un réveil* et *il se réveille*.

Je m'entraîne

1 Écris la terminaison des noms masculins.

1. Le sol_____ réchauffe la terre. 2. Le chevr_____ broute l'herbe. 3. Le gouvern_____ sert à diriger le bateau. 4. Le jardinier a installé un épouvant_____ sur son cerisier. 5. Le port_____ de nos voisins est ouvert. 6. Le soir, assis dans le faut_____, je contemple le paysage. 7. Mon portef_____ est vide.

2 Écris la terminaison des noms féminins.

1. Les vol_____ picorent le grain.
2. L'os_____ est une plante aromatique.
3. Les ab_____ s'activent dans la ruche.
4. Le corps des poissons est recouvert d'éc_____.
5. Le pêcheur répare les m_____ de son filet.
6. La corn_____ est un oiseau tout noir.

3 Complète ces phrases en utilisant, dans l'ordre, les verbes suivants au présent :
cueillir – écailler – s'éveiller – surveiller – travailler – tailler.

1. Pendant que papa _____ les plantes aromatiques, maman _____ le poisson. 2. Je _____ tôt. Je _____ l'heure. Je ne veux pas être en retard à l'école. 3. Tout l'hiver, le viticulteur _____ ses vignes. Il _____ les ceps.

4 Complète les mots avec les terminaisons qui conviennent.

1. Le circuit est sécurisé par des r_____ et, dans les tournants, par de grosses balles de p_____ 2. Avant le départ, les techniciens v_____ au bon fonctionnement des voitures. 3. Ils se servent d'un appar_____ de mesure électronique. 4. Les pilotes reçoivent un dernier cons_____. 5. Pour gagner la course, le plus petit dét_____ a son importance. 6. Le choix des pneus dépend du temps : pluie ou sol_____. 7. Dès les premiers tours la bat_____ fait rage. 8. Sur le podium, le pilote reçoit une méd_____.

Très bien ☐ Assez bien ☐ Pas assez bien ☐

Illustrations : Cyrielle (couverture et pictos enfants) et Aurélie Abolivier (intérieur)

Composition : Nord Compo
Édition : Claire Tréboute

© Éditions Magnard, 2015, Paris.
www.magnard.fr

N° d'ISSN : 2265-1055

Aux termes du Code de la propriété intellectuelle, toute reproduction ou représentation intégrale ou partielle de la présente publication, faite par quelque procédé que ce soit (reprographie, microfilmage, scannérisation, numérisation...) sans le consentement de l'auteur ou de ses ayants droit ou ayants cause est illicite et constitue une contrefaçon sanctionnée par les articles L. 335-2 et suivants du Code de la propriété intellectuelle.
L'autorisation d'effectuer des reproductions par reprographie doit être obtenue auprès du Centre Français d'exploitation du droit de la Copie (CFC) 20, rue des Grands-Augustins – 75006 PARIS – Tél. : 01 44 07 47 70 – Fax : 01 46 34 67 19

DANGER LE PHOTOCOPILLAGE TUE LE LIVRE

IMPRIM'VERT Votre imprimeur agit pour l'environnement

Certifié PEFC
Ce produit est issu de forêts gérées durablement et de sources contrôlées
PEFC
PEFC/18-31-264
www.pefc-france.org

Achevé d'imprimer en novembre 2014 en Italie par «La Tipografica Varese Srl»
Dépôt légal : Décembre 2014 – N° éditeur : 2014-0999